來自天上的醫學

治痛革命，神奇的遠絡療法！

陳炫名——著
盧意媗——繪

目錄

第一章

第二章

遠絡醫學的源起——悲心的柯尚志醫師 067

Contents

目錄

第三章

「遠絡醫學」到底是什麼？ 081

第四章

遠絡醫學對症狀的分析之一

不是局部就是中樞 109

Contents

目錄

第八章

腦中風的治療經驗 187

Contents

目錄

【推薦序二】

本來就是這樣的啊
——就是現代醫學個人化醫療精神的遠絡醫學

汪志雄／國泰綜合醫院麻醉科主任、台灣遠絡醫學會常務理事

桃樹生桃花，桃花長不好，要治療花還是樹？

所有的症狀都是假的？

認知「利我」、「無知的言動」是煩惱之本

「了解自己」進而轉化生命，才不會時好時壞

陳炫名醫師的這本《來自天上的醫學》一書是以自身學習遠絡醫學，與應用

遠絡醫學於臨床病人治療十四年來之心路歷程，與治療經驗分享。陳醫師提出一個復健科醫師在中風病人與一些難治疼痛病人之治療經驗；尤其適合醫療人員做為臨床治療之參考，也能對於一般社會大眾提供相關疾病治療，尋求醫師治療之參考。如同書中提及，創始人柯醫師說：「不是怪怪的醫師，是不會踏入遠絡醫學的醫學人生旅程。」也如作者所說，我也是扔了三次以上的遠絡課程介紹，才踏入這遠絡醫學的不歸路。相信未曾與遠絡醫學有接觸的醫師或許會覺得看不懂，但至少書中陳醫師提出不少實際成功治療的案例；這些病人都是經由其他醫師，或是病人已尋遍醫師、走投無路而求治，最後達到意想不到的治療效果，說起來是一個驚奇之旅。

書中提到柯醫師說，遠絡治療又叫做「三哭治療」，這是什麼啊!?直到親身治療病人後，才恍然大悟。一是：病人愁眉苦臉到處求醫，疼痛無法緩解，走投無路；二是：遠絡治療時會非常的痛；三是：治療後不痛了，喜極而泣。

書中第五章的標題是「本來就是這樣啊」！最近幾年來，不論在醫學教育或是醫院評鑑，所謂的改革是：以病人為中心的醫療照護原則；而醫院評鑑所謂的PFM（Patient-focused Methodology，即是以病人為中心之照護）方式和醫病共享決策（SDM，Share Decision Making），即是醫師對病人的治療是必須讓病人深入了解，而共同決定的。

遠絡醫學的診斷和治療是要找到原始發病的原因，去針對原發病因來治療病痛；遠絡醫學的治療是以4D（病人實體就是一個3D，再加上時間的變化）來治療疾病。而且我們對病人病痛的治療，應該是治療人，而非病；因為，相同症狀之病痛，若發生在不同的人身上，其治療不一定會相同。因此，疾病的治療就與病人之生命有關，這也就是遠絡生命醫學的5D治療，才是一個完整有效的治療。從我們目前醫院評鑑病歷紀錄的標準來看，本來就應該涵蓋現病史（present illness）、共病史（comorbidity）、家族史（包含家庭環境、人際關係），與旅遊史等，就是遠絡醫學的基本診斷與治療的原則。

綜觀來看，這是完全符合目前最夯的所謂「個人化醫療」，不是嗎？所以如書中所說，遠絡醫師是以生命治療病人，而且要讓病人了解如何生活在其置身的環境中；所以，我認為遠絡醫學根本不是甚麼特別或新的東西，這完全就是醫學的根本，本來就是這樣的。

【推薦序二】

醫師的責任——幫病人解決問題

周献剛／台灣遠絡醫學會理事長、板橋同仁堂中醫診所負責醫師

「不打針、不吃藥、不觸摸疼痛處、按壓兩點疼痛即消」，會接觸遠絡醫學，就是被這四句話所吸引。我相信每個醫師應該都不喜歡吃藥，更不喜歡被打針，那面對病人時，為什麼卻又用打針吃藥的方式來治療病人？原因不外乎——想不出更好的方法來治療病人。

遠絡醫學的創始人柯尚志醫師當初也面臨此一問題，甚至更發現許多疾病用打針吃藥的方式也無法治癒，連動手術治療的也幫助不大，因此柯醫師便思考著還有甚麼方法可以幫病人解決問題？在將近二十年的努力研究下，柯醫師終於創

造出一套結合中西醫學的新理論「遠絡醫學」，能讓百分之八十以上的疾病都可以不須打針吃藥，就可達到治療效果，而且療效遠比打針吃藥還要迅速顯著。

二〇〇四年十月三十一日，柯醫師第一次正式遠從日本來台灣推廣遠絡醫學，當天我是坐在台下聽課的醫師之一，原本是抱著懷疑的心態參加，但沒想到從那天開始，遠絡醫學改變了我的行醫之路，更改變了我的人生觀；我永遠記得柯醫師在課堂上講的一句話「醫師的責任就是幫病人解決問題」。遠絡醫學面對一位病人，從診斷開始到治療結束，花上一個小時的時間都不算多，這就是一個醫師負責任的專業態度；當一位醫師盡心負責時，醫療就會變得簡單而有療效，許多問題也就迎刃而解。

遠絡醫學是一門新的實證醫學理論，把所有的疾病區分成局部性和中樞性兩大類，而最大的特色是中樞性問題的病因跳脫了一般中西醫學的理論，對一位初學醫師來說，會覺得答案有點牽強，但在臨床驗證後卻又會佩服柯醫師找出來的答案才是真正的病因所在點，因此吸引了許多中、西、牙醫師的熱烈學習，也獲得許多病人在治療上的肯定。

目前在台灣接觸過遠絡醫學的醫師有上千位以上，但囿於台灣的健保醫療制度，真正在臨床上從事遠絡醫學治療的醫師並不多，陳炫名醫師是台灣遠絡醫學會資深的優秀講師，更是少數幾位在臨床上從事遠絡醫學的專科醫師之一。「治病救人、醫生濟世」是遠絡醫學的宗旨，陳醫師能將十多年來對遠絡醫學的經驗出書分享，實在令人敬佩；希望此書的出版能起拋磚引玉的效果，讓更多醫師願意在臨床上從事遠絡醫學，造福廣大民眾。

【推薦序三】

不是對症下藥，而是對中樞病因做治療

黃忠章／尚志塾遠絡診所院長、臺灣遠絡醫學會常務理事

遠絡醫學是一種統合醫學，與現在的專科醫學不同，不同專科的症狀或疾病大多數可以歸類於同一個中樞性的原因，也就是治療同一個中樞的原因點，許多不同專科的症狀都會改善，並不需要一個個專科去治療，甚至於個別專科去治療反而無法將疾病治癒，或只是慢性的控制症狀。

遠絡療法是一種非侵入式的物理性療法，非常安全，將西方醫學的病理病態診斷法轉換為中醫的經絡診斷，而導出遠絡醫學的體流治療法，透過自身體流的調節引導自己的自癒力修復疾病。許多難治性疼痛或慢性疾病都可藉由遠絡療法

治癒，主要是因為疾病的原因點按照遠絡醫學的觀點，常常不是在症狀表現處或此部位的器官，而是在遠處的中樞神經系統，所以遠絡醫療並不是對症下藥，而是對中樞病因做治療。

本人從事疼痛治療工作多年，使用過各種方式：包括藥物及針灸和許多侵入性治療，在學習完柯尚志醫師教導的遠絡醫學後，經由臨床的實作處理許多棘手的案例後發現，遠絡療法確實可以有效的治療許多難治性疼痛，因此投身於遠絡醫療的工作。現在不僅只是處理疼痛的問題，對於許多慢性疾病，運用遠絡醫學的原理去治療一樣可以治好，這使我相信可以成為一位全方位的醫師，並且感到興奮。

遠絡醫學的理論涉及相對論及能量原理，陳炫名醫師運用淺顯的方式說明，同時陳醫師收集了許多臨床案例，並解釋及說明遠絡醫學如何將許多常見且不容易治療的疾病，運用非常安全且有效的方式治癒，對於許多身陷疾病痛苦折磨的患者指出一條解決之路，值得推薦給所有讀者。

（診所資訊見書末一覽表）

遠絡醫學不只是醫學，所謂醫學，應該是解除病痛的學問；但遠絡蘊含的，尤其是核心，個人卻覺得遠遠不只如此。修習過遠絡，讓我從一個本位主義的婦產科醫師，進入全人，甚至是形而上的能量領域，助人自助，可用易經履卦九二註腳：履道坦坦，幽人貞吉。

王威鈞／王威鈞婦產科診所院長

遠絡治療帶給了患者及醫者讚歎連連的治療效果，舉凡疼痛、自律神經異常、失眠、中風及其他慢性病等等，都具卓越的成果；另外不需要吃藥和非侵入性治療方式更是一大特色，其中心醫療觀念更有別於主流西醫，直指疾病核心，開創以病人為本的另一醫學新觀念。

吳明強／吳明強診所院長

從接觸與學習了遠絡醫學之後，我在臨床上治療患者時才發現，以往對疾病的診斷與治療有許多看不見或忽略的症狀，在柯醫師對疾病的病理病態分析指導下，讓我在傳統醫學所學診斷之外有了很大的看見與突破，頓時成了能治療疑難雜症的醫生，不但患者對治療的滿意度提高，自己對患者的治療信心也大幅的提高。

郜萃華／文化中醫診所院長

西醫將人體視為許多零件的組合，因而各科有許多所謂的「專科醫師」，甚至有更多更細的「次專科醫師」。中醫則將生理病理簡約至陰陽、寒熱、表里、虛實，比較無所謂的「客觀標準」與評比。遠絡集二者之長而去其短，是真正未來的醫學。

張安雄／公祥醫院骨科醫師

遠絡醫學是相當有趣的學問，治療簡單但理論深奧。現今全球科技發展講求跨界，而遠絡醫學早已涉足跨界，對人體生理病理發展出一套完整的理論基礎平台，讓初接觸遠絡者便可體會人類原有的自癒能力的神奇之處！

梁敬業／懷諾診所院長

二〇〇五年，我第一次參加遠絡療法消痛實技研習會，至今已超過十年。一路走來，從對中醫穴位懵懂，到重新認識西醫肌筋膜知識，不得不讓我感念欽佩柯尚志醫師，柯老師。

老師結合中西醫，創新了有科學邏輯的遠絡療法，在這些年，無論是疼痛病症、化療抗癌、神經損傷、自律神經失調、過敏……都一再一再發揮效果，協助治療了我的家人朋友和患者。好想向柯老師敬致感謝感恩之意！更希望遠絡療法，如柯老師教授我們的初衷，繼續幫助更多需要的人！

陳貞余／員林何醫院復健科醫師

讀完醫學系，接受正統西方醫學的完整訓練，也在醫學中心擔當主治醫師，再至自行執業多年，心裡總有個疑問：為何治療方法常常在更新，很多疾病都無法真正治癒，內心總是有一股無力感與缺乏成就感！

接觸遠絡醫學並完成完整訓練，雖然前後至少要耗費六、七年，辛苦不亞於之前的西醫訓練，卻讓我看到真正的醫學，與之前學習了解的宗教哲理竟然不謀而合；至此我才了解到，真正的醫學就是道，就是真理，就是絕對醫學，它不是無常，它是唯一，不會也不需要變動的。幾年下來，已幫助許多病人解決多年來無法治癒的症狀；很慶幸自己有這個因緣接觸到遠絡醫學。感謝創辦人柯尚志醫師與同道醫師的提攜指導，讓我了解遠絡醫學是「醫道」，是真正的醫學。

陳豊源／陳豊源耳鼻喉科診所院長

臨床經驗中，遠絡對於各種疼痛、酸痛痲木、難治性疼痛，有難以言喻的神奇效果。可以不開刀，少吃藥，根本治療疾病，提供患者一個全新的選擇。

黃士峰／日明耀中醫診所醫師

學習遠絡迄今，常因病人之療效給我很大的震撼，當然也給病人很大的驚喜——我怎麼都好了！這也是讓我繼續努力學習遠絡療法的動力。

第一次最讓我訝異的是治療橈神經麻痺之患者，她因趴睡在書桌上過久而壓迫左上臂致橈神經麻痺，經過復健治療六個月仍沒有起色，在接受遠絡治療前，肌電圖檢查神經沒有再生，經過一次遠絡療法（按壓）左手拇指就有動作了，我非常驚訝。病人一星期接受二次按壓治療，經過九次治療，大概康復了八～九成，已不需再戴功能性輔具，也可以寫字、打電腦及做家事，讓病人脫離手術的恐懼；這真是遠絡的功德。

還有一個巴金森氏症的患者，她是一個企業家，得巴金森氏症有服藥物控制將近三年，但效果不明顯；得病後她很少說話也不想說話（因為喉嚨周圍的肌肉無力），遠絡治療十五次左右，她女兒跟我說她媽媽竟然會罵員工了，讓他女兒也當場嚇了一跳。那我就告訴她，妳媽媽的巴金森氏症症狀快要好了，後來經過遠絡治療三十次左右，就恢復到平常一樣了；這再使我見識到遠絡的神奇，也更加深了我對學習遠絡療法的信心。

黃明德／台南市立醫院復健科醫師

我本身是「整形外科」專科醫師，因緣際會接觸遠絡醫學也有十來年光景了，在目前兼差看診的骨科／復健科門診生涯中學以致用（不務正業？）。由於見證了上萬個體驗遠絡醫學治療「立馬」改善症狀的病例（大部分是三次元局部治療，輔以五次元中樞治療效果更佳），病患的口頭讚美「好神奇／那麼厲害」的確部分撫平了我內心的委屈與執著，但是往日時光和金錢的投入倒也實不足為人道也！

幸好一路走來還有師兄／姐、學長們的扶持與教導，真是由衷的感恩與致謝。遠絡醫學的醫師診治病患是全方位的，但願天下「有緣人」不妨一試。

楊錦江／自由骨科診所醫師

學習遠絡醫學迄今已十三個年頭，心中依然非常感念柯醫師的教導。記得才剛進入遠絡中級班學習時，其中有位肝癌的阿伯，因近兩個月血糖近四百毫克／毫升，合併下肢水腫，食不下，睡不著，抱著姑且一試的想法；隔日，阿伯說：「醫生，很好睡，但一直醒來，因為小便很多。」觀察雙下肢水腫竟然褪去十之八九，血糖降至一百五十毫克／毫升。所以深信遠絡醫學是解決傳統與現代醫學瓶頸的關鍵。

趙德澂／信澄中醫診所院長

我於民國二〇〇七年春天偶然的機緣參加了遠絡療法基礎班課程，從此踏上了不歸路，初級班、中級班、高級班一路走來，更在當年十二月與張安雄醫師、王莉蓉醫師、郝夢真醫師、蘇主惠、林娟如醫師等幾位在台北成立了遠絡治療推廣中心，後來成為今日的日明耀聯合診所。陳炫名醫師是高我一期的高級班學長，之後在柯醫師成立尚志塾時，有幸與陳醫師同時成為第一期的尚志塾學員，每月見面一次，一同在柯老師的指導下研習遠絡醫療的奧祕。

陳醫師是一位深具慈悲心的醫師，每週固定義診。他是復健科專科醫師，學有專精，在肌肉關節疼痛以及中風患者的治療，每每有獨到精闢的見解與臨床實例經驗，讓我獲益良多，佩服之至。今日欣聞陳醫師即將出版新書，不吝藏私將多年心得分享大眾，更是感到欽佩與歡喜，內容必是精彩萬分，更重要的是能利益眾生，引頸企盼之。

齊治強／公祥醫院婦產科醫師

有一天助理小姐腳踝意外受傷，腫痛、不能走路及爬樓梯，但她的工作地點在二樓的診間，於是我就使用遠絡的局部治療法替她診治。

治療前我有先告訴她要按壓手部的方式，治療中她竟然對我說：醫生你有聽我的主訴嗎?她說我是腳受傷,不是手,你都不看我的腳,我只說我已知道妳的病因,會幫妳處理好的。

治療後她能夠上二樓工作,並對我道謝,及說「遠絡治療真迷人,真神奇,不是頭痛醫頭,腳痛醫腳的醫術」,並將患部拍照與心得上傳至FB作留念。

鄭發興/永潔牙醫診所院長

我是一位牙醫師，平常工作時經常坐姿不正，有一次因連續搬取重物，用力不當，事後造成了椎間盤突出壓迫到坐骨神經，當時非常疼痛，躺著站著坐著都感覺疼痛無比，經過復健治療只改善一小部分，但還是造成平日生活和工作上很大的困擾，後來接受了陳炫名醫師的遠絡治療，每週兩次，連續治療了三個月，終於使疼痛消除了大部分，後續又練了彭氏氣功使症狀完全消失。非常感謝遠絡醫學的治療，使我的人生由黑白又變彩色了。

施弘一／弘一牙醫診所院長

當醫師變成病人的時候，是最能體會病人的感受。接受治療的同時，對治療效果的好壞，也是最佳的見證者。就在上遠絡醫學初級班的前幾天，在辦公室不小心閃到腰，心想大事不妙。過往閃到腰的經驗告訴我，腰痛至少七～十天，當下立刻使用 Line 告訴陳醫師約了晚上的遠絡治療，同時打了一劑止痛藥。

下班後，拖著挺不直的腰，來到陳醫師的診所求診。閃到腰這種急性疼痛，對經驗豐富的陳醫師而言，根本是小菜一碟。經過陳醫師熟練的壓棒按壓之後，腰痛減輕了八成左右，腰也可以挺直了，神奇吧！遠絡醫學就是這麼神奇。當然急性期的發炎反應，不是治療一次就夠了，隔天晚上我又接受第二次的治療，接受兩次的治療之後，腰傷好了八成左右，剩下的部分我靠熱敷就完全控制疼痛了。綜觀這次接受遠絡療法治療的經驗，相對於傳統的療法，遠絡療法大大減輕了疼痛，同時也縮短了一半治療的時間。遠絡醫學真是值得推廣的療法；對遠絡醫學有興趣的醫師們，也可以報名學習。

張銀龍／茂隆骨科醫院麻醉科醫師

我是一位牙科醫師，因右手鎖骨骨折，經外科手術固定後，復原期間右手上舉會痛，因此右手活動範圍受限。幾年前曾參加柯尚志醫師的遠絡課程，因此瞭解遠絡治療是最有效的治療，於是前去找陳炫名醫師幫忙；經過三個療程，每次治療完，手上舉高度馬上有顯著改善，活動範圍大幅增加、也比較不痛，如今固定鋼絲已移除，一切恢復如常，無任何不適之感，手的力量亦無減弱，活動範圍也無局限感。遠絡治療效果真令人十分滿意，感謝陳醫師的細心照顧。

劉逸民／朝代牙醫診所院長

兩年多前的一個機緣，我參加陳醫師在中山醫學大學的遠絡醫學基礎課程，在課程中，陳醫師分享了創始人柯醫師為病人燃燒自己生命，並且許下大願的故事；柯醫師如此的慈悲，使我深深受到感動，也因此發願繼續深入探究，向陳醫師及其他遠絡醫學的前輩學習，目前正在接受高級班研習，期許自己能用遠絡醫學的角度來幫助我的眼科病患，同時也前往陳醫師門診學習和接受遠絡治療來保養身心。

在陳醫師的門診裡，常見到他視病如親，病人也把陳醫師當家人一般信賴，陳醫師的遠絡專業診斷更打破我對傳統醫學的思維，我常親眼見到難處理的病症因遠絡的治療而獲得改善；因此啟發我能以不同的思維和角度來為病人診病及治療，推症斷病更上一層樓。

在遠絡醫學的理論中，眼疾裡有些和中樞是有相關的，特別是與頸椎相關，例如乾眼症、眼睛疲勞、視網膜黃斑部病變、青光眼、葡萄膜炎之類的病人，我常建議病患配合遠絡療法，常常有更好的效果。由於在眼科門診中配合用遠絡醫學的治療方法，有許多的病例得到很好的改善，使我深信遠絡療法是一種統合醫學、能量醫學，以病人的症狀回推病因，特別是中樞四次元的診斷思維是一般傳統醫學比較少探究的；而遠絡醫學其實也是一種預防醫學，對身心的保養也相當有幫助。

陳醫師亦師亦友，是我遠絡醫學的老師，也是氣功班的師兄弟和咖啡研習班的同學，我因此了解陳醫師著作此書是為多年來的心願；他不辭忙碌，利用診療空檔將心得融於精華，為的就是希望能幫助更多人免於憂愁病苦。很高興，也很感動這本書的出版，我很願意與陳醫師一起為新書的出版大力推廣，衷心期望如此具有實證的遠絡醫學，未來能有更多醫師加入臨床研究及治療，相信這也將是病人的一大福音。

盧天祥／天祥眼科診所院長

【自序】

遠絡醫學實在太好了，但一般民眾知道的人太少了

行醫二十六年了，二十六年的光陰是可以讓一個呱呱墜地的小孩成為一個有為青年的時間；對於我，也意謂著從事復健醫療工作有二十六年了，二十六年的醫療歲月是一段可堪回憶的日子，在這段醫學的日子裡有多位影響我的老師，我願一一地感恩他們。

回想當初到成大醫院面試，特別要謝謝薛澤杰主任及王錦基醫師，在當時求職的醫師中，我並不是最優秀的，但因為他們錄取了我，使我成為那屆三位住院醫師之中的一位，後來因為某些原因，我成了那一屆唯一上班的住院醫師。就這樣我開始了復健醫學之路。

在住院醫師階段，承蒙各位學長姊的愛護與教導，使我很快的能進入復健醫學的殿堂，其中令我感恩最深的醫師是剛從美國 Mayo Clinic 學成歸國的鄭裕南醫師；鄭醫師是一位非常聰明的醫師，在他當住院醫師第二年時就已經把復健醫學所有的內容做了詳細的筆記，他的文稿還是我參加專科醫師考試時重要的參考。他回國後在成大醫院服務約一年，一年之後回到宜蘭開業，在那一年中，從他身上獲益良多。

當住院醫師第三年時，有幸遇到復健科的泰斗洪章仁教授，當時洪章仁教授剛回國到成大醫院服務，洪教授是肌筋膜疼痛症候群領域國際知名學者，教授的肌痛點注射技術，更是我們後輩一定要學會的醫病技術。洪教授的學生不知凡幾，但我很幸運的是，我曾經被洪教授握著我持針的手，教我如何對肌痛點注射；當我到花蓮慈濟醫學中心擔任主治醫師時，肌痛點注射讓我對疼痛病人的處置更加得心應手。我跟隨洪教授門診兩年，很多門診的診病技巧及對疾病的思考邏輯獲得很大的啟發，對疼痛病人的掌握更是有很大的信心。

當我成為復健科專科醫師時，初期真是意氣風發，好像什麼問題都能解決；但隨著時間愈久，愈感覺到醫師能真正幫助病人的地方實在是有限，一路走來內心總是有一些無力感。這情形在我遇到遠絡醫學創始人柯尚志醫師之後，有了非常大的轉變。

感恩柯醫師，讓我有機會研習遠絡療法，並且能真正幫助到病人。這十幾年來，我愈來愈有深刻的體會，「遠絡醫學」會使醫者本有的善念在醫病關係中自然流露，遠絡醫學的真正價值應該就在於回到人與人之間的最原點——人文關懷；我也因此開始感受得到，原來治療後的感動是這麼一回事。這使我重拾對醫療的熱忱，我不僅是一位復健科醫師，我更是一位能了解病人苦痛真正原因的醫師，我知道如何幫助病人獲得真正的改善，內心的無力感已經大幅降低；所以在看病時經常有要哭的感覺，但不是傷心，而是病人述說著他長年的病苦，而我清楚的知道我可以幫助到他，而不是束手無策，那是一種喜極而泣的感動。

這本書的雛形，也就是在這一點一滴的感動中，慢慢地醞釀、發酵……直到有一次到台北上柯醫師「尚志塾課程」的高鐵上，我在靜坐時腦中突然靈光一現，架構自然而然水到渠成；也就是說，這本書的大綱，事實上在四年多前就已經完成了，只是書的內容陸陸續續寫了這麼多年。

會寫這本書的目的，還有來自一個更重要的體會——遠絡醫學實在太好了；但一般民眾知道遠絡醫學的人太少了。雖然創始人柯醫師非常努力地教學，但因台灣醫療生態的關係，即使有一千多位醫師學過遠絡，能真正在臨床上用遠絡治療病人的醫師卻不多，因此一般民眾大多不知道遠絡醫學。這本書的內容書寫了我多年來的治療經驗和遠絡的一般概念，希望藉這本書的出版，讓民眾稍微了解遠絡醫學，假若有長期治療不好的疼痛或是疑難雜症，可以尋求遠絡醫學幫忙；另也因遠絡的診斷有時會和其他西醫的診斷不同，臨床上需要和病人更多的溝通，因此也希望藉這本書讓大家知道，事實上醫學還有不同的思考邏輯，治療上會有更好的效果。

在台灣有許多優秀的遠絡醫師在服務病人，在香港及新加坡也有，書的最後有大家執業的地方，如果民眾需要可就近尋找遠絡醫師。倘若有腦中風或罹患難治性疾病的病人，因為看到此書而得到改善，我覺得此書的出版應該就非常值得了。

最後，我要感謝所有曾經接受過我治療的病人，因為有你們，才讓我更了解遠絡醫學，也印證了遠絡醫學的效果；也感謝我身邊所有的師長及朋友，因為有你們的教導與鼓勵及支持，才有這本書的出版，我願意為推廣遠絡醫學而努力；更要感謝我醫學路上所有的老師及師長，因為有你們的教導與幫助，才有今日的我。

謹以此書紀念一代仁醫柯尚志醫師。

第一章

我的遠絡醫學學習之路

心中是充滿感動的，是感恩的；因為我真的能感受病人的痛苦，也了解到我真的可以幫助到病人。也感恩柯醫師和遠絡醫學，讓我能當一位真正有價值的醫師。

我是一位復健科專科醫師，真的很高興也很感恩能夠接觸到遠絡醫學，讓我在醫師的生涯中對疾病的想法及醫者的角色，有了不同的視野與定位。

當初接觸到遠絡醫學像是無心插柳，也像是冥冥中自有註定。因為在家中信箱收到遠絡醫學上課的宣傳單，初期也不以為意，但是在第二次收到傳單時，看到了其他醫師學習後的經驗分享，其中有一位同樣是復健科醫師的分享，而他的分享影響了我，我決定來聽聽看什麼是遠絡治療？這治療居然誇口沒有消除不了的疼痛，於是我報名了遠絡的基礎班。

冥冥之中有安排

在基礎班上課時，研創此法的柯尚志醫師講了遠絡的基本概念，並分析西醫和中醫的缺失。看了一下在場所有的學員，全部是醫師背景（因為沒有醫師資格者不能參加，有西醫師、中醫師和牙醫師）；課中，大家或許無法全部同意柯醫師的說法，但也沒有一位醫師能夠指出柯醫師錯誤的地方。最後課程結束時，柯醫師為了證實遠絡治療的效果，當場徵求現場的學員——身上有疼痛的醫師上台，柯醫師要當場治療給所有的人看。

當時，我的右側肩膀肩峰鎖骨韌帶正因為受傷疼痛大約有半年之久，原因是背過重的電腦側背包，而被側背包的帶子壓傷。這半年來我停了最喜歡的羽毛球運動，也偶爾做些物理治療，但是仍會疼痛。那一天上課時我的右側肩關節仍不時覺得酸痛，舉高時疼痛更是加劇，於是衝上了台。柯醫師問了我的情形之後就在我的手上用兩支棒子按了起來，當時被按的地方頓時覺得異常疼痛；也不知道過了多久，柯醫師放下了棒子，叫我將右肩膀動動看，神奇的事情發生了，我右肩膀的疼痛居然好了七成以上，當時的心情是既驚且喜又惶恐。驚的是這遠絡治療的效果居然這麼好；喜的是我的肩膀有救了，可以很快地回球場報到了；惶恐的是，疼痛是我們復健科常見的病症之一，已經有十幾年復健專科醫師資歷的我，事實上並無把握第一次治療就能幫病人將疼痛降得如此之多。而在場的醫師並不是只有復健科醫師，還有家醫科、內科、骨科、耳鼻喉科等等其他專科醫師，也有中醫及牙醫師，那我未來門診的潛在病人不就大幅減少？所以當下我就決定要好好地學習遠絡治療這門醫術。

當天被柯醫師按完後雖然疼痛減輕，但並不是全好了，也擔心回去後疼痛又復發，所以就問柯醫師回去之後怎麼辦？柯醫師說回去之後照著按壓就好。上完課之後，回去亂壓了三天，右肩膀疼痛居然全好了，更加深了我學遠絡的想法，就這樣踏上了遠絡學習之路。說亂壓是因為只上了基礎班，根本還不會遠絡的按點與按壓的技巧，連這樣也治療好了我的疼痛；所以學會遠絡也算是冥冥之中的安排。

「病人哭三次」給我的啟示

早期學遠絡是分為基礎班、初級班、中級班及高級班，每學一個階段，所能處理的症狀有所不同。譬如學完初級班，基本上就能處理一般疼痛問題，學完中級班，就能治療發麻的症狀和一些簡單的內科問題，以及一些難治性疼痛如帶狀皰疹後神經痛、三叉神經痛、複雜性區域疼痛症候群（CRPS）等。這時候可以逐漸理解到遠絡已經不再是一種治療的方式而已，而是有一套完整理論的「遠絡醫學」。上完高級班，對於腦部的問題，譬如說自律神經失調、腦部挫傷、中風、巴金森氏症等都能處理。

事實上遠絡醫學也一直持續在進步中，所以柯醫師後來又補充到了高二班，內容是現在西醫和中醫都沒有的脊髓病理病態的概念，讓遠絡醫師在治療上更能得心應手，治療效果更快更好。最後的研究班，講的是遠絡的生命醫學，內容提到宇宙的九大法則，更是讓人難以了解，需要更多琢磨與思考。

柯醫師常說，當你們遠絡醫學學到了某一個程度，你們的門診就會出現相對應的病人，這句話在我學遠絡的過程真的是證實不假。在初級班時，因為學的是遠絡治療的基本對應規則和疼痛處理，而我是醫院的復健科醫師，門診多的是疼痛的病人，所以就在門診認真的練習。當時篩選的病人大致有兩種：第一種是初診病人，尤其是腰閃到的病人；看著病人彎著腰手摸著疼痛處走進門診，經過遠絡治療後病人就可以直起身體走出門診，完全不用打針吃藥，病人直呼太神奇了。另一種是病人已經治療了一段時間，可是治療效果都不是很好，這時我會跟病人說我學了一個新的治療技術，可以幫助他減輕疼痛。經過治療後，病人通常會說緊繃的地方鬆了，譬如腰鬆了、膝蓋鬆了、脖子鬆了，疼痛減輕了，在幾次的治療後甚至全好了。

到了中級班課程學完時，出現了一個讓我印象非常深刻的病人。當時因為獲得安定鄉衛生所的支援，衛生所護士便跟當地的居民說：「有一位對疼痛治療很厲害的醫師要來看診。」並且聯絡了一位約莫七十幾歲的老先生來給我看。記得那時是夏天，診間的冷氣強度有些不足，所以天花板還有一支吊扇旋轉著。老先生坐下來之後說，他罹患帶狀皰疹（俗稱皮蛇）後神經痛已經有一段時間，看過了無數的醫生，也吃了很多藥，甚至也去了斬皮蛇，可是每天還是很痛；病人在述說著他的病情時是面無表情的，好像症狀已經事不關己了。

我幫病人檢查後，他就皺著眉頭，我問他很痛嗎？他說：「都痛，但是可以忍耐。」治療完後看到病人眼眶紅了，我嚇了一跳，以為做錯了什麼事……趕忙問他怎麼了，病人說：「謝謝醫生！」因為他對於自己的病原本已經不抱任何希望，是衛生所的小姐一直打電話要他來看診，說到他都不好意思，所以才勉為其難地來了。

病人說他罹患帶狀皰疹後神經痛已經二十五年，這二十幾年來跑遍了北中南各大醫院，包括台大、榮總、長庚、中國、奇美、成大等醫學中心，所有醫師的診斷都一樣，也都開了藥，但是一旦痛起來真的是生不如死，在之前長水泡的地方會有像電流在流竄、類似觸電的那種痛；而摸到皮膚時也會感到異常疼痛，連穿衣服碰到皮膚都會痛，發作時常常會在地上打滾。剛剛在問診檢查時，頭上的電風扇一陣一陣地吹，病兆處也一陣一陣地痛，意思是風吹到病兆處都會引起疼痛；可是隨著治療進行，這種痛居然逐漸在減輕，而現在治療完已經覺得不痛了。「這二十五年來我找了那麼多的醫生，你是我遇到的第二十五位醫生，卻是第一個能將我的疼痛馬上減輕的醫生，我想我的病是真的有救了。」說著說著他眼眶又紅了，而我的眼睛也濕潤了，我真正能體會到柯醫師說的「病人哭三次」的意思了。

病人第一次哭是因為在述說他的疼痛時，因為疼痛而哭；第二次哭是因為病人在被治療時，被按壓到對應點造成疼痛的哭；第三次哭是因為多年來難治的疼痛不見了，而感動的哭。而我的眼眶濕潤是因為我何其幸運，能夠學到遠絡醫學，能夠真正幫助到這樣痛苦的病人；我感恩上天、感恩遠絡、感恩我的恩師柯尚志醫師。現在我們對帶狀皰疹產生的神經痛治療經驗是：一旦有神經痛的症狀產生，立即介入遠絡治療，病人都能很快地恢復健康，不會轉變成帶狀皰疹後神經痛。

神奇的效果，連病人也嘖嘖稱奇

另外一位印象深刻的病人是我的朋友，他本身的工作是文書處理員，長期要兩手敲打電腦，那天遇到我時說：「陳醫師救命啊！」我說：「到底怎麼了？」他說右手發麻大約有三個多禮拜了，剛開始時睡覺有時會麻，漸漸地會麻醒，現在連白天都會麻，工作的時候會很難過。去醫院檢查，醫生診斷為腕隧道症候群，建議要吃藥和復健；現在藥也吃了，復健也做了，但是沒有改善，那該怎麼辦？

我聽了很高興，因為剛學完中級班，適合的案例就出現了，於是馬上跟他說：「剛好我最近學了一種新的治療技術，你要不要試試看？」他說：「好啊！」於是就在他的手腳治療起來，治療了約莫三十分鐘，朋友說：「不麻了耶，怎麼這麼神奇？」我說：「對啊，遠絡就是這麼神奇。」像腕隧道症候群的病人在復健科通常要治療一段長時間，有的病人甚至沒效需要開刀處理，但是遠絡治療卻有神奇的效果。

另一位病人是朋友的媽媽，那位朋友本身也是一位物理治療師。他的媽媽因為腰椎滑脫導致有脊椎狹窄的症狀，走路時腳會發麻；煮飯時，她的旁邊需要有一張椅子備用，因為她無法站著煮完一餐飯，而且因為腰酸、腳麻，煮飯時可能隨時都要坐下來。我的朋友得知我去學了遠絡醫學，於是打電話問我可不可以幫他媽媽治療？

在幫病人檢查時發現，病人走路時手扶著腰且彎著腰走路，走路時也顯得較吃力，走路時腳會麻痛。因為剛學完中級班，對這種類似坐骨神經痛的病人還沒有經驗，所以治療的過程中就問問病人的感覺；病人說腰比較鬆了，痛好像也減輕了，比較不痛了。到治療完後請病人站起來走走看，病人走路的姿勢變正了，走路也不麻了，當下我真的驚訝於遠絡治療的效果，因為這樣的病人通常到復健科治療，可能需要兩、三個星期的時間才能有此效果，有時治療的時間甚至要更久。

我想，這也是一種為國爭光吧！

高級班的課程內容是針對腦部的問題做詳細的病理病態解說，粗略可分為上位腦及下位腦；上位腦即一般所說的大腦，其餘部分即是下位腦。在上完高級班課程之後，我有一位親戚因為發生癲癇而到台南某間醫學中心檢查，核磁共振顯示在腦內有一顆腦膜瘤，神經外科醫師建議開刀處理。不過病人擔心手術危險，所以決定先服中藥治療三個月，三個月之後檢查腦膜瘤仍在，並沒有消失或變小；因為癲癇症狀仍然持續發生，所以就決定接受開刀治療。

病人後來由當時台南成大醫學中心神經外科陳主任主刀。手術後，病人轉進加護病房，幾天之後病情穩定就轉到普通病房。病人到普通病房時我去看他，順便幫他做檢查，當然心中想用遠絡治療試試看；因為學遠絡之後還沒有治療過腦膜瘤術後或腦中風的病人，內心真的非常期待。

病人手術後，頭上仍綁著繃帶，還有一條排除血水的引流管，頭蓋骨也暫時被移除一部分；當時病人神智清楚，神情顯得疲累，只能躺在床上無力自己翻身，一側的手和腳都無力上舉。將病人扶起坐在床沿時，病人仍無法坐穩；檢查之後我就開始幫病人治療，治療後又將病人扶起坐在床沿，請病人試著自己抬手和腳，結果神奇的事情發生了，病人的手居然可以抬起約略九十度，腳也可以伸直了。家屬和病人都非常高興，因為開刀後病人半邊的身體癱瘓，他們很擔心從此就是這種狀況，畢竟也才五十幾歲，正值壯年，現在治療後開始能動了，所以非常高興。而我看到病人可以將手和腳抬起，當場是目瞪口呆，因為從事復健科十多年，還沒有看到任何治療可以讓腦部問題所造成的肢體癱瘓，只做一次治療，肌力就可以恢復如此之多，所以內心那種激動澎湃實在是很難以形容。

因為對這樣的病人當時還沒有治療經驗，所以就暫時每兩天幫病人做治療。治療了一個多禮拜，病人都持續進步中，而我剛好當時有事必須到大陸一星期，所以就終止了治療。在我到大陸的第五天時，突然接到病人家屬的電話，家屬說病人原本患側的肢體又無力了，醫院的醫師緊急做了電腦斷層，但是沒有特別的變化，所以只將降腦壓的點滴又打上了，問我要怎麼辦？我說既然沒有緊急狀況也就不用太擔心，等我回國後再說。兩天後我回到台灣就到醫院去看病人，病人的神智清楚，只是肢體又呈現之前無力的狀況，於是馬上又幫病人再做一次遠絡治療；治療完後神奇的事情又再度發生了，病人又可以將無力的手和腳抬起，這時病人、病人家屬和我不禁讚嘆「好厲害的遠絡治療」！

我問病人前幾天手腳沒力時會不會緊張，覺得沒有希望？病人說其實還好，因為除了手腳無力外，並沒有頭痛、噁心想吐、嗜睡或癲癇的症狀，所以並不怎麼害怕，想說我回來一定可以幫他治好，果然治療後手腳又可以抬了。我笑說你倒真有信心，我還沒把握呢！那時候的我還真的不是很清楚為什麼，但是隨著對遠絡的精進和治療經驗的增加，現在的我已經清楚為什麼會這樣了。就這樣又持續治療三個多禮拜，病人已經可以推著輪椅在病房區散步。有一天他的主治醫師看到他在散步，才趕緊將降腦壓的點滴停掉。病人當然也很快地出院了，病人持續治療了三個月，幾乎恢復正常，病人說如果他沒告訴朋友他曾經腦瘤開過刀，朋友都不會相信他半邊的手腳曾經癱瘓過。

關於腦膜瘤術後的病人，我還有一個案例，那是在西元二〇一一年時，我曾經到中國山東濟寧市醫學中心從事康復科（復健科）的臨床教學，在那期間該醫院大肆宣傳有台灣康復專家駐院門診教學，所以吸引了一些民眾到門診看病。其中有一位女性病人因為被診斷是腦膜瘤，所以到北京協和醫院開刀，開完刀後外科醫師囑咐她回濟寧做高壓氧治療，那天到醫院門口時看到了宣傳布條，於是就掛了我的門診。門診檢查時病人頭上還綁著繃帶，神智清楚，兩上肢正常，但是右下肢無力上舉，膝蓋也無力伸直。我問了問大陸的復健科醫師及治療人員，有沒有辦法一次的治療就能幫病人無力的肢體改善？他們都搖搖頭說很難，幾乎不可能；我說那我試試看，於是就用遠絡療法幫病人治療。

治療完後，請病人將右腳抬抬看；神奇的事情發生了，病人的右膝可以伸直了，大腿上舉的距離也增加了。病人和病人的家屬很高興，直說台灣來的康復醫師真的很厲害，而大陸的醫師和治療師有的人看得目瞪口呆，有的人嘖嘖稱奇，我想，這也是一種為國爭光吧！

開業維艱，只因病人很快就痊癒了

研究班的課程內容是講遠絡的生命醫學，包括生命、心和體的變化和關聯性。在體的診斷，先從一個症狀找出其病因，再從病因推斷出所有可能發生的症狀。現在的醫學仍然停留在身體的變化，一直在身體上去做診斷和治療，是屬於三次元的空間；而遠絡醫學是從一個體的症狀（三次元空間）找出原因點（病因，是四次元空間），再從病因去找出所有可能發生的症狀，即從四次元的空間去看三次元的世界，當然三次元空間會發生的事情就一目了然。

當學到這個程度，在門診時，病人常常會覺得這個醫師幾乎是神醫了，病人還沒說的症狀，醫師幾乎都能先說出來，所以在門診就常聽病人說：「對，這個症狀有，那個症狀也有，奇怪，醫師你怎麼都知道。」而我們通常會說：「是啊，因為本來就這樣！」其實在醫生的心中是充滿感動的，是感恩的；因為我真的能感受病人的痛苦，也了解到我真的可以幫助到病人。感恩柯醫師和遠絡醫學，讓我能當一位真正有價值的醫師。

研究班之後又有遠絡「尚志塾醫師」的培訓課程（註：「塾」有私塾之意，「尚志」即遠絡發明人柯尚志醫師，尚志私塾培養出來的醫師，有嫡傳之意……）。這個課程長達兩年，就像是古代老師在私塾收的嫡傳弟子，現代老師小型的家教班；事實上，這個訓練就是柯醫師實際的臨床教學，柯醫師將他看病時所有的技巧和遠絡知識，毫無保留的傳授給「尚志塾」的學生。每每上完課，見到治療的效果，病人感動欣喜的狀況，彷彿每個人身上都充滿了光，世界即將都沒有了病痛。柯醫師說，我們遠絡醫學團隊的使命即是「致力於治療難治性病患、難治性疼痛，拯救因病痛受苦受難的人」；「推廣遠絡療法普及於世界各地，希望拯救因為病痛受苦受難的人」；「推廣遠絡療法普及於世界各地，希望能消除世界各國的疼痛」，聽了之後著實令人感動。

學完研究班課程及尚志塾訓練之後，自己覺得就像是一個練武之人打通了任督兩脈，功力陡增，對於疾病產生的原因及治療方法更能掌握，但是在醫院門診時卻對自己愈來愈不滿意。因為在復健科的病人很多是身體多處疼痛的患者，從遠絡的觀點來看病因可能只有一至兩個部位，只要治療這一兩個病因，所有的疼痛都會消失，有時幫一兩個患者治療，真的也是如此！但是問題來了，病人治療完後都會說怎麼這麼有效，那接下來呢？因為當時在醫院上班，礙於制度及人員關係無法持續幫助病人，就像是負有一身武藝卻無法發揮所長的武林高手，心中總有悵然若失的感覺。

這時曙光出現了，因為另一位復健科前輩黃明德醫師也是「遠絡尚志塾」畢業的醫師，他和我有相似的想法，於是我們就商量一起出來開業，而且決定用遠絡的方法來治療復健科病人，其實心中也想知道遠絡的治療效果到底有多大？

在開業初期真是艱辛，黃醫師早期開過業，後來才回到小型醫院任職，他說當時開業，復健病人輕輕鬆鬆三個月每天治療人數即破百人，而這次的開業每天也都有新病人，為什麼病人增加的速度卻是如此之慢？常常病人還未做滿一個復健療程（六次），病人就不見了。於是我們打電話追蹤病人的狀況，發現有將近三分之一的病人一個療程未做完疼痛就好了，一半以上的病人治療一兩個月就好了。診所開業三年，幾乎每三到四個月診所病人就換了一批新面孔，而每日治療人數就是很難上升；而分析診所病人的居住地，很多的比例是在其他行政區而非診所附近。

這時想起柯醫師說過，用遠絡治療可以幫助很多病人改善他們的問題；但是若只處理簡單疾病，終究會沒有病人，一定要治療難治性疾病。我們用三年的時間驗證了柯醫師這番話，病人復原的速度比新病人累積的速度快太多，於是我們開始思考轉型的方式。

當一位真正有價值的全方位醫師

有人說，「上帝看似關了你的門，祂一定會幫你開另一扇窗。」正當我們在思考轉型的時候，遇到了一位貴人——劉逸民牙醫師，劉醫師來診所見習遠絡，看到遠絡治療神奇的效果，又跟我們聊到診所經營的狀況，他很欽佩我們投入遠絡的精神及驚訝於遠絡的效果，所以很快地我們三人決定合作，將診所轉型成自費診所，專門治療疑難雜症。於是我到高雄負責弘恩難症遠絡診所，而診所轉型之後所接觸到病人的狀況就截然不同了。

在復健科診所的階段，對於各個關節疼痛、頸椎症候群、坐骨神經痛都有很好的療效，我們診所沒有腰椎牽引和頸椎牽引的機器，然而印象中應該有超過三十位病人因為脊椎問題，外科醫師建議需要手術治療，但是經過遠絡治療後都痊癒。有些病人治療頸椎痛，一段時間後說他失眠和偏頭痛也好了；治療腰痛，結果腸胃問題、便祕也改善了，聽到病人這樣的回饋其實就值得了。還有一陣子，診所五十肩的病人大增，有多位多年不癒的五十肩病人就診，我們因為這樣還被健保局請去喝咖啡。

在弘恩難症遠絡診所的兩年時間，對罹患難治性疾病的病人累積了一些經驗，比如三叉神經痛、帶狀皰疹後神經痛、CRPS（複雜性區域疼痛症候群）、急性中風、類風濕關節炎、failed back syndrome（背部手術衰敗症候群）、自律神經失調、失眠、雙手雙腳發麻發燙、臉部發麻、難治性多年頭痛等，都有治療經驗。

開業兩次，兩次不同型態的病人，讓我對遠絡醫學更加有信心，我真心感謝柯醫師教導了我遠絡醫學，讓我成為一位全方位的醫師。

右側偏頭痛

rAyII/c（疼痛點）

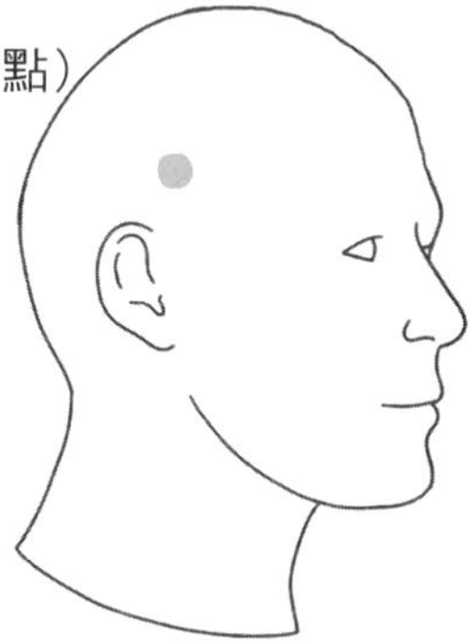

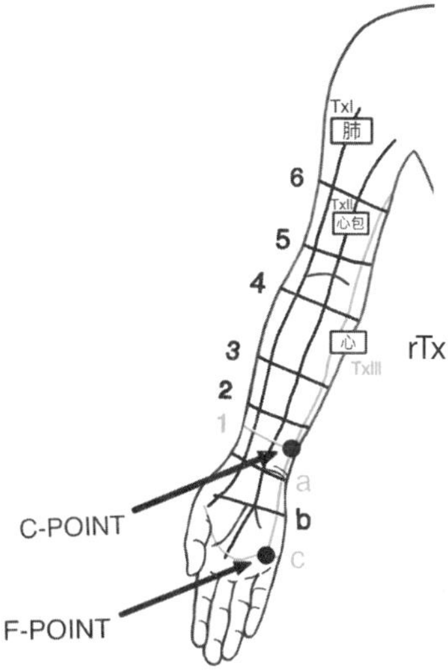

rTxIII/1:c

第二章

遠絡醫學的源起——悲心的柯尚志醫師

柯醫師體認到病人的生命因身體的疼痛，而帶來無數的苦難，如沮喪、鬱悶、悲傷和憤怒等等，造成性格上的轉變；但是一旦病人解除了疼痛時，他們的人生就有了另一個新的起點。

遠絡醫學的發明人柯尚志醫師，是道地的台灣人，柯醫師一九四八年出生於台灣花蓮，外祖母及母親都是助產士，父親則畢業於日本九州帝國大學醫學部，回到台灣後，長期在花蓮行醫，因為極佳的風評，獲選為花蓮縣長，後來接任台灣省政府建設廳廳長。

西醫世家嚴格家教，影響處事和做學問

幼年成長時受到父親嚴格家庭教育的影響，始終秉持著「堅持到底」的信念，成為柯醫師日後接受挑戰與處理問題時信心與勇氣的動力來源；又因為從小生長於醫學世家，在耳濡目染之下，不但培養了做醫學研究時所需的基本能力與智慧，更直接影響了柯醫師待人處事與做學問的態度。柯醫師上課時常說他的資質並不比我們遠絡的學員好，因為所有來上課的學員全部都是醫師；而柯醫師說他建國中學畢業後，大學聯考只考上台大農經系，所以父親送他到日本學醫，就

讀日本國立鹿兒島大學醫學院。在日本學醫時也比別人晚一年畢業，畢業後考到日本醫師執照就直接在日本行醫（同年亦有返台考取台灣的醫師執照），所以柯醫師說他並不比台灣的醫師聰明。

柯醫師考上醫師執照後，就到日本九州大學附屬醫院的麻醉科當住院醫師，每天科內晨會時都被麻醉科主任要求站著開會。柯醫師很納悶地問主任，為什麼科內的所有同仁包括護士都是坐著開會，唯獨他需要站著開會？科主任回答：「因為你的日文說得不好。」在這樣的學習環境下柯醫師堅持了下來，下定決心一定要當一個好醫師。

後來柯醫師的父親在台灣往生，他要回台灣奔喪，但是主任說他沒有權利請假，想要回台灣只有離職；柯醫師於是毅然決然地辭掉麻醉科醫師一職，回台灣處理父親的後事，等後事辦完之後再回到日本行醫，之後又陸續任職於九州大學附屬醫院的加護病房、國立九州癌症中心醫院放射科。

為病人許下大願

自認為資質不好，學習過程又充滿了障礙的柯醫師說他是一位虔誠的基督徒，從小在禱告時就只祈求上帝賜給他智慧；而當了醫師後在禱告時除了祈求上帝賜給他智慧之外，也希望上帝賜給他一種能力，一種能治療所有難治性疾病的能力，他願意為了治療病人難治性疾病而燃燒自己的生命。也因為柯醫師許下了如此的大願，如此具有慈悲心，讓他發明了遠絡醫學。遠絡醫學有很多內容和現在的中醫、西醫有很大的不同，有些概念是目前現代醫學所沒有的；我在學了遠絡之後，運用遠絡醫學的理論，在治療病人時更得心應手，療效更快更明顯。

離開九州癌症中心醫院之後，柯醫師為了完成自己開業的理想，曾放棄到美國加州大學洛杉磯分院（ＵＣＬＡ）留學的機會，於一九八五年在日本福岡開業。柯醫師在醫學院就讀期間幸得教授們的厚愛與親切指導，在醫院工作時接受了嚴格的醫學訓練，柯醫師幾乎將所有的精力放在研究疾病的「病態學」上——

因為症狀產生的病態病理是不會變的，根據「病態病理學」可以找出治療的方法；而柯醫師專攻「病態」研究，正是遠絡醫學的最初基礎。

柯醫師在日本福岡開業不久，有一位男性病人被診斷是肺癌轉移性的肝癌，市區綜合醫院的醫師宣布只剩下三個月的生命。病人已經無法獨立上廁所，腹水積得很多，身體相當虛弱。而病人的太太只有一個希望：「讓我先生的疼痛減輕一些，即使是一點點也可以。」當時的柯醫師尚未研發出遠絡療法，柯醫科用針灸幫病人止痛，另一方面增強病人的免疫力。大約歷經兩星期的時間，柯醫師絞盡心思全力治療的結果，讓病人的體力大致恢復，疼痛也緩和很多；原本一些親戚朋友聽到病人重病而來探望，但是卻看到病人自己開車來車站接他們，大家都嚇了一跳，很難相信病人恢復得不錯。

治療了約十個月左右，病人跟柯醫師說他覺得自己的身體狀況非常好，想在自己有生之年跟家人一起去溫泉旅行，不知道可不可以？柯醫師說：「好啊！就高興的去玩吧！」可是病人卻在出發的前一夜過世了。後來病人的太太跟柯醫師說，病人被宣布只有三個月的生命，卻多活了十個月，而且癌症產生的疼痛減輕很多，病人在最後的這十個月感到非常的幸福，真的很謝謝柯醫師，說完對柯醫師深深一鞠躬。這時柯醫師已止不住眼淚，而且內心深切地發誓，這一生的使命就是要救助因疼痛而受苦的人，一生決定與「疼痛」奮戰到底。

結合針灸「一針見效」，開始獨立研發之路

由於曾經在九州大學附屬醫院的疼痛科工作過，開業之後柯醫師用痲醉止痛的原理幫病人治療疼痛，雖然效果不錯，但對其治療原理仍持有很大的疑問，所以柯醫師一直想再學習消除疼痛的方法；而針灸是被認為很有效的治療法，於是柯醫師決定到上海中醫藥大學專心研究針灸。

柯醫師是一位非常認真的學生，做學問的態度很嚴謹，對於一些問題總想要打破砂鍋問到底；所以在上海學習期間，經常問他的老師，為什麼要插這十幾

針？每一根針的作用有什麼差別？該插左側還是右側？為什麼這個病一針就有效？理由何在？教授的回答是：「中醫不是一門單純的學問，其理論非常的深奧，所以你只要把全部的流程記起來，再慢慢研究就可以了。」柯醫師當然不會滿足於這樣的答案，在上海的學習過程中，柯醫師對有些疾病只要插「一根針」就有效非常有興趣，於是開始想是否每個疼痛點只要插一針在最正確的位置，使「經絡」暢通就能消除疼痛；柯醫師將插針的位置記錄下來，回到日本之後，開始了獨立研發之路。

對疼痛治療，柯醫師從「一針見效」的研究開始，進而發展成今天創新的「遠絡醫學」，而對於理論根據卻無法找到滿意的答案。就在某一天柯醫師在看日本NHK的節目（「絲綢之路」）時，突然給了柯醫師很大的啟示，單從針灸的專門書籍中去找答案是不行的，應該去找「一針見效」的最初源頭才是；而一針見效早在中國古書《易經》中就有提到。於是柯醫師開始專心研讀易經，找出跟自己理論相關的部分，相互對照之後，驚訝地發現幾乎是百分百的吻合。柯醫師既驚訝又振奮，讚嘆中國古典叢書博大精深。

柯醫師所創新的醫學，逐漸地改成「按點刺激」的治療法，他曾經寫好論文投稿到日本疼痛專科學會，但是不被接受，理由是屬於中醫的領域。後來柯醫師將論文投稿到《上海針灸雜誌》，而《上海針灸雜誌》是以中英文出版的世界性權威雜誌，起初大陸醫學專家也表示無法理解柯醫師的理論，後來經過溝通，柯醫師在大陸學者面前治療病人，展現了極佳的治療效果，終於論文被接受了。柯醫師創新的醫學被大陸知名針灸學者專家劉立公教授命名為「遠道相應穴位經絡療法」（Collateral Meridian Therapy），柯醫師將其定名為「遠絡醫學」，並且下定決心，開始在日本發展，並向世界推廣，幫助所有疼痛的病患。

幫病人找回生命動力和人生新起點

遠絡醫學早期以治療疼痛為主，柯醫師體認到病人的生命因身體的疼痛，而帶來無數的苦難，如沮喪、鬱悶、悲傷和憤怒等等，造成性格上的轉變；但是一旦病人解除了疼痛時，他們的人生就有了另一個新的起點。而遠絡治療可以讓病人親自體會到自己體內原本的生命動力，只是多年來一直在沉睡之中，沒有被「引導」出來；而經由「遠絡療法」，那股原本的生命動力一定可以再找回來，回復原本的健康。

為了推廣全新的遠絡醫學，一定要有一個實踐理想的地方，柯醫師於是決定辭去在福岡兩家醫院理事長的職務，在東京銀座成立了Painless銀座醫院。同時在二〇〇二年十月在日本結合了十位醫師成立了「遠絡醫學研究會」，其中包括了在醫科大學附屬醫院的副教授、麻醉科醫師、內科、骨科、皮膚科、泌尿科、復健科、針灸科醫師等等。

在二〇〇三年八月，旅居日本三十餘年的柯醫師，第一次帶著「遠絡醫學」回台灣，在陽明醫學大學醫學院長及九位教授面前做專題演講，開啟了「遠絡醫學」在台灣發展之路。

而從二〇〇三年開始至今已經有上千位醫師接觸過「遠絡醫學」，並且在二〇〇六年五月六日成立了由西醫師、中醫師、牙醫師所組成的「台灣遠絡醫學會」，當天華視新聞記者現場採訪柯醫師，並於當天中午就報導出來。下午的一場「遠絡醫學難治性疼痛學術研討會」更是精彩，有高雄醫學大學、三軍總醫院、台北榮總等多位醫師發表論文；而我本身是復健科醫師，也發表了一篇「遠絡醫學對腦中風病人治療的療效」報告。

遠絡醫學十多年來在台灣雖有一千多位醫師接觸過，但是礙於現行台灣醫療制度及生態，廣大的民眾仍未能普遍知道遠絡醫學的療效，實在是非常可惜。在此也感謝柯醫師這十多年來幾乎每個月不辭辛勞地遠從日本回來，教導願意學習遠絡醫學的台灣醫師們，共同為台灣的民眾能不再受「疼痛」之苦而努力。

燃燒生命傳承，留下救人的寶藏

柯醫師對遠絡醫學的傳承是很積極的，只要是已安排的上課時間，即使是身體再不舒服他仍堅持從日本回來授課；有一陣子柯醫師得了肝硬化，甚至有了胸水，上下樓梯都非常吃力，每上一層樓都要休息很久才能開始活動，每次上完課，柯醫師都幾乎要躺床休息一天，為了遠絡醫學，柯醫師是用他的生命力在教學。後來柯醫師的肝硬化也經由遠絡治療而痊癒，但因沒有好好休養，仍是不停地日本、台灣來回奔波，體力也大不如前；每次上課，柯醫師仍舊盡心地教導我們這些學生，讓學生們都非常感動，我們也都願意為遠絡醫學的推廣盡一份心力。

在發明遠絡醫學的二十年間，柯醫師戮力於遠絡醫學的教學，因為他認為假若只有他會遠絡醫學，他一人能救幾人？假若世界上有很多個醫師都具備有柯醫師的能力，就會有更多的人獲救，甚至能將遠絡醫學傳承下去；所以在他過世的前五年，柯醫師開始了「尚志塾醫師」和遠絡講師的訓練。尚志塾醫師的「塾」

有古時候私塾的意思，尚志是柯醫師的名字，「尚志塾醫師」代表柯醫師私塾的學生，有嫡傳弟子之意。

在一年多的尚志塾課程中，柯醫師每每竭盡心力，將遠絡醫學的精華及如何診斷的技巧都盡數地教會我們；而在最後的一兩年開始培訓講師，也著手規劃非醫師醫療人員的遠絡課程。

我記得在二〇一六年元月那次霸王級寒流來襲的晚上，我還和在上海的柯醫師用電話討論非醫師醫療人員的遠絡課程，柯醫師說等他回來就要開始進行，殊不料柯醫師在二〇一六年一月二十四日因心臟病發作而逝世於上海。一代仁醫就此遠去，他留下的是一個救人的寶藏——「遠絡醫學」，感佩柯醫師為了遠絡醫學燃燒自己，我們這些學生願意為遠絡醫學推廣而努力。

右肩痛1

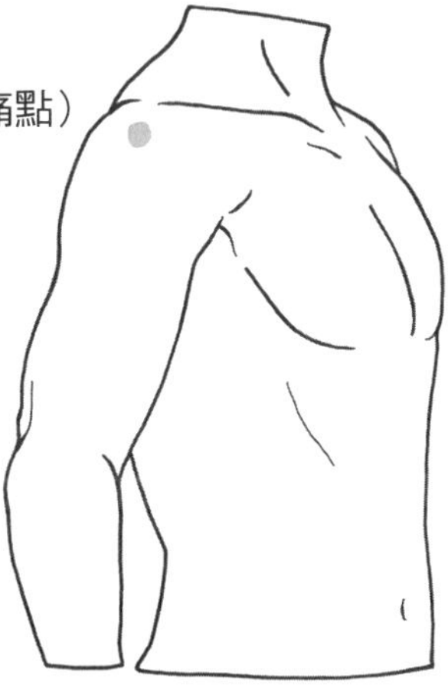
rTyI/a（疼痛點）

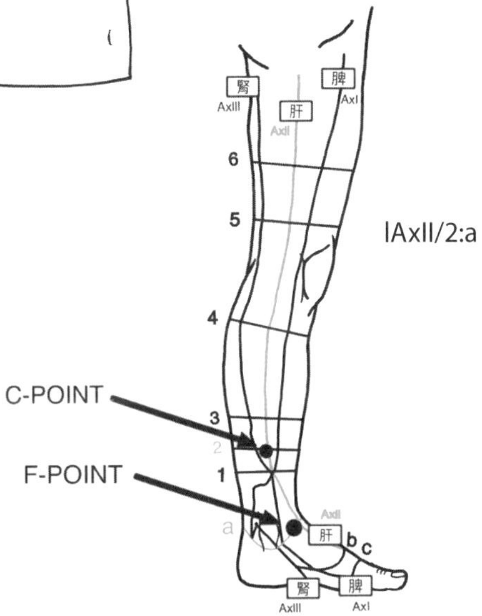
腎
AxIII
肝
AxII
脾
AxI
6
5
4
3
2
1
a
C-POINT
F-POINT
肝
b c
腎
AxIII
脾
AxI
lAxII/2:a

第三章

「遠絡醫學」到底是什麼？

中醫有一句話「通則不痛，不通則痛」，意思是當體流線不通時就會產生疼痛或其他症狀，當體流線通暢時疼痛就會消失。遠絡治療就是要把阻塞的體流線弄通暢，讓身體產生自癒能力。

如果有一位七十幾歲的男性病人，他主訴頭痛、頭昏、暈眩、眼乾、口乾、耳鳴、喉嚨卡卡、記憶力下降、容易緊張焦慮、肩頸僵硬、容易失眠淺眠、胃痛、脹氣、兩側腰痛併下肢疼痛、發麻、皮膚癢、睡覺時會胸悶而且手發麻。請問他要看哪一科？如果每種症狀都要求醫，他可能要看以下各科：

1. 頭痛、頭昏、暈眩、失眠、淺眠、記憶力下降→神經內科
2. 容易緊張焦慮、失眠→身心科
3. 耳鳴、暈眩、喉嚨卡卡→耳鼻喉科
4. 皮膚癢→皮膚科
5. 胃痛、腸胃脹氣→腸胃科
6. 肩頸僵硬、腰痛、手麻→骨科或復健科
7. 胸悶→胸腔科
8. 口乾、眼乾、容易疲勞→免疫風濕科

到底該看哪一科？

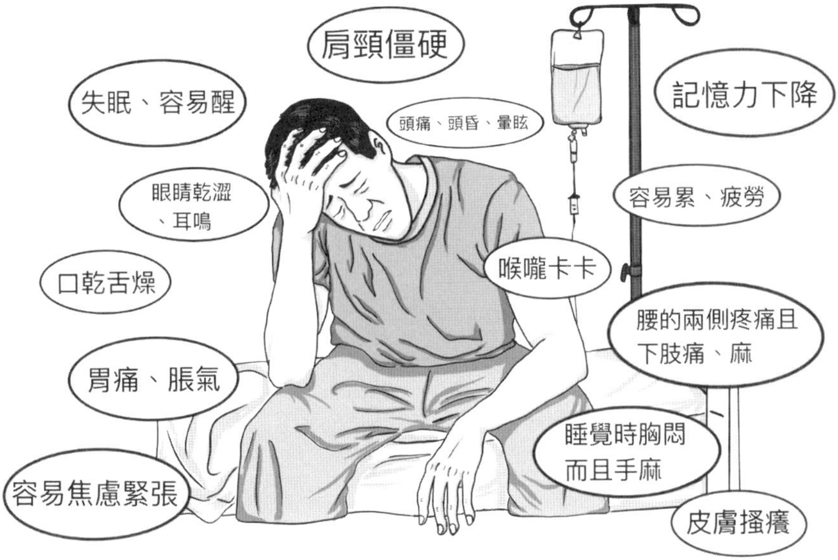
肩頸僵硬
失眠、容易醒
頭痛、頭昏、暈眩
記憶力下降
眼睛乾澀
、耳鳴
容易累、疲勞
口乾舌燥
喉嚨卡卡
腰的兩側疼痛且
下肢痛、麻
胃痛、脹氣
睡覺時胸悶
而且手麻
容易焦慮緊張
皮膚搔癢

總共有八科，假如每一科醫師只開三種藥，八個科別就有二十四種藥，想請問大家，吃那麼多藥真的會好嗎？會不會造成病人更大的問題？這位老人的症狀相信在我們周遭的長輩都很容易見到，那怎麼辦？

在二〇一二年時，醫改會就曾對全台二十二縣市隨機抽樣，電話訪談一千名老人的家屬，發現老人家常同時罹患高血壓、糖尿病、高血脂及骨質疏鬆症，又常跨院跨科看診，每次領回家的藥，多到幾乎可以開藥局，所以老人的用藥問題真的非常嚴重。在某種程度來說，藥即是毒，每一種藥物據統計平均至少有二十五種副作用，而且吃了之後真的有效嗎？那我們該怎麼辦？答案是：讓「遠絡醫學」幫助你。

「遠絡醫學」到底是什麼？相信仍有非常多的人不清楚，甚至沒有聽過。即使接觸過遠絡醫學的醫師，也不一定能簡單或正確的描述出來。通常我會跟病人解釋，遠絡醫學是一種中醫和西醫的結合醫療。看病診斷時，主要是用西醫的病理病態去思考病人症狀的原因，再用中醫的病理（陰陽五行）去思考，最後用中醫經絡理論，採用「遠道相應穴位經絡療法」來治療。雖然說是中醫和西醫的結合醫療，事實上柯醫師的創新療法「遠絡醫學」和西醫、中醫仍有很多的不同。

一、生命體流的概念

我常會問學員，一個死人和活人的差別是什麼？答案就是死人的生命體流不流動了，而活人有生命體流的流動。傳統中醫有十二條經絡，而遠絡醫學也有十二條「生命體流線」，那是否相同呢？依照柯醫師的研究，遠絡醫學的「生命體流線」和中醫的「經絡」仍有許多不同之處，說明如下：

㈠中醫的手腳十二條經絡之經氣是由頭到手腳，上下流通，不僅在內側流通，亦有在骨頭的上面與外側流通；而遠絡醫學的十二條生命體流線全部在骨頭的內側流動，沒有在骨頭的上面或外側。

（二）中醫的經絡全部是「線狀」的，而遠絡醫學的十二條體流線是有如河川般的「帶狀」，有深淺與寬窄的差別。

（三）中醫的經絡內是「氣血」在流動，而遠絡醫學的體流線是「生命體流」在流動；生命體流除了「氣血」之外，還包括有人體解剖學上的神經、淋巴、血液、脊髓液等流動的物質。

（四）遠絡醫學的「AxII 體流線」雖然屬於「肝經」，但走形不同；柯醫師臨床驗證，於下腿處是在「脾經」與「腎經」之間的走形而通過「三陰交」，兩者的走形不同。

（五）中醫在經絡上的穴點沒有一個確切的「定點」，亦無固定的數量；而遠絡醫學生命體流線上的「按點」，每一條生命體流線皆有九個固定的按點。

柯醫師本身是受西醫訓練，在研究中醫的經絡治療時，發覺在骨頭上面流動的經絡有不合理的地方，所以用西醫解剖學的血管組織修正成「十二條體流線區」。若生命體流發生滯留、阻塞時，就會在阻塞處產生症狀或疼痛。

二、為了將遠絡醫學推廣至國際，將它符號化

傳統中醫十二正經的名稱是手陽明大腸經、手少陽三焦經、手太陽小腸經、手太陰肺經、手厥陰心包經、手少陰心經、足陽明胃經、足少陽膽經、足太陽膀胱經、足太陰脾經、足厥陰肝經、足少陰腎經。而中醫推廣至西方國家有一很大的困擾是，中醫所描述的心經和西方醫學的心臟有很大的不同，中醫的腎經和西方醫學的腎臟概念也截然不同，所以西方國家的醫學人員對學習中醫有很大的困擾。

柯醫師遠絡醫學中「生命體流線」的概念雖與中醫的十二條經絡些許不同，但仍然是啟發於中醫的十二正經。鑑於中醫推廣至全世界易產生的混淆，柯醫師決定將十二條生命體流線符號化，以利於推廣至全世界。在十二條生命體流線

中，手的陽面（手容易被太陽照射到，皮膚較黑的部分）有三條生命體流線，手的陰面（皮膚較白的部分）也有三條生命體流線，腳的陽面（腳的外側和後側），和腳的陰面（腳的內側）也各有三條的生命體流線，總共有十二條生命體流線。

而手的體流線以 T 為代表，因為手的日文是 Te；而腳的體流線以 A 為代表，因為腳的日文為 Ashi。記憶上可以想像兩手打開如 T，代表手的體流線；兩腳打開如 A，代表腳的體流線。書寫時 T 和 A 都必須用大寫，而手腳陽、陰各有三條體流線，分別以羅馬數字 I，II，III 來代表；另外左右兩邊各以 left 和 right 的字首來代表，l 和 r 必須用小寫。陽經用 y、陰經用 x 來表示，xy 都必須用小寫；如 rAyI 即右腳陽經第一條體流線，lAxII 即左腳陰經第二條體流線，rTyIII 即右手陽經第三條體流線，lTxI 即左手陰經第一條體流線。

三、遠絡療法的核心想法和「四不一沒有」

中醫有一句話「通則不痛，不通則痛」，意思是當體流線不通時就會產生疼痛或其他症狀，當體流線通暢時疼痛就會消失。遠絡治療就是要把阻塞的體流線弄通暢，讓身體產生自癒能力。

當一條體流線沒有受到阻塞，代表正常，若開始受到阻塞，隨著阻塞的大小而有不同的表現；若只是很小的阻塞可能臨床上還沒有症狀，但已經不代表正常，隨著阻塞逐漸變大，臨床上就有徵象（sign）、症狀（symptom）的區別。在傳統西醫上的想法，會將一個症狀或多個症狀歸類為某個疾病，然後針對疾病去治療；但是遠絡醫學不是這樣，它不是治療疾病，它是由一個三次元的症狀找到四次元的病因，再用遠絡療法去治療病因。

簡單的說，人的症狀是三次元的層次，是可見的，中樞的病因是肉眼不可見的，屬於四次元；而治療，包括生命醫學的治療是能量層次，屬於五次元。中樞

手陰經體流線圖
及按點

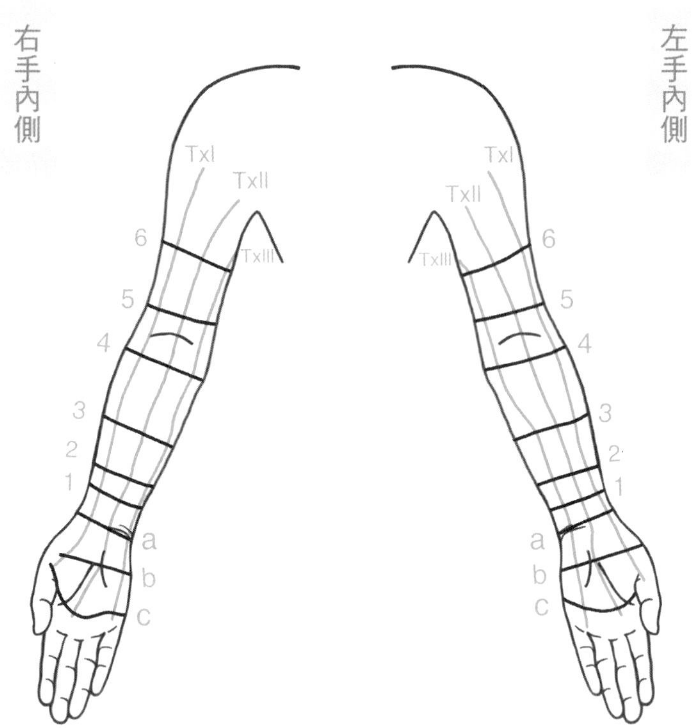

手陽經體流線圖
及按點

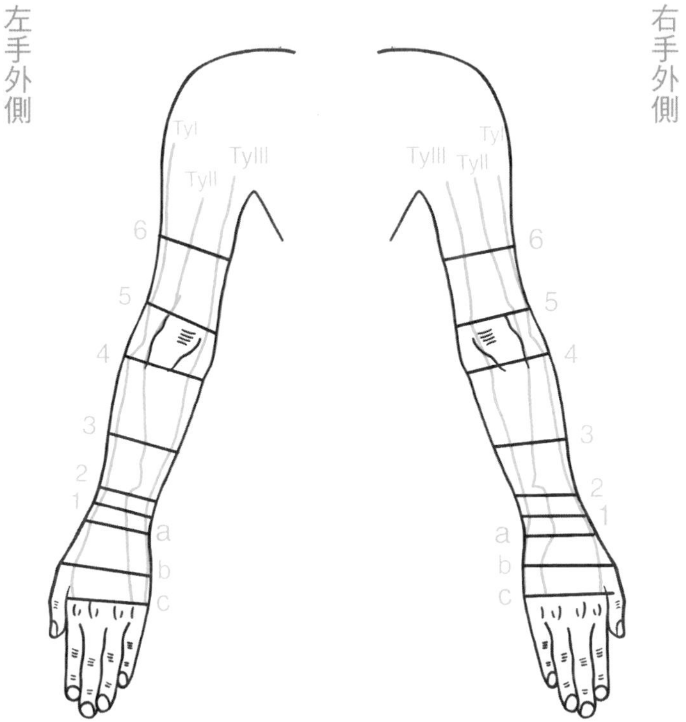
左手外側
右手外側
TyI
TyII
TyIII
TyIII
TyII
TyI
6
5
4
3
2
1
a
b
c
6
5
4
3
2
1
a
b
c

腳陰經體流線圖及按點

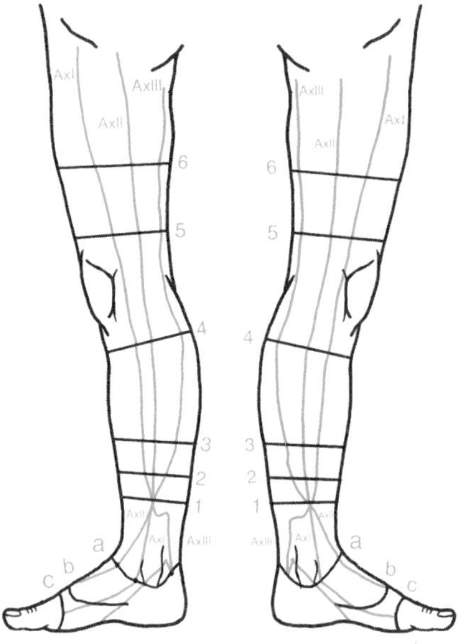

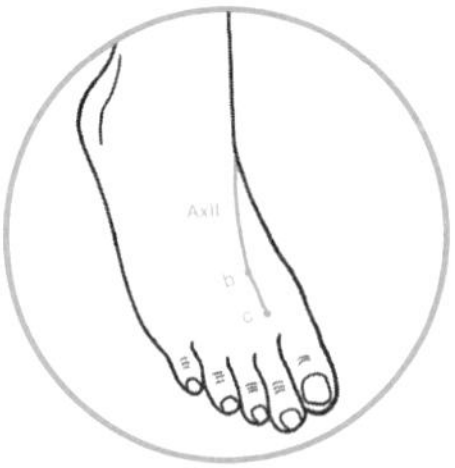

腳陽經第二條體流線及按點

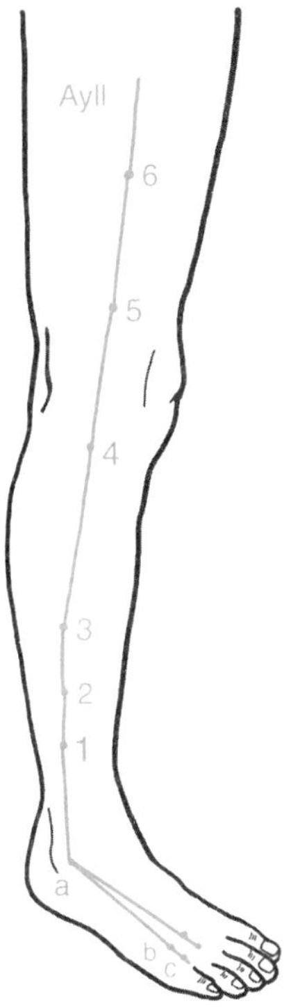

腳陽經第一條體流線及按點

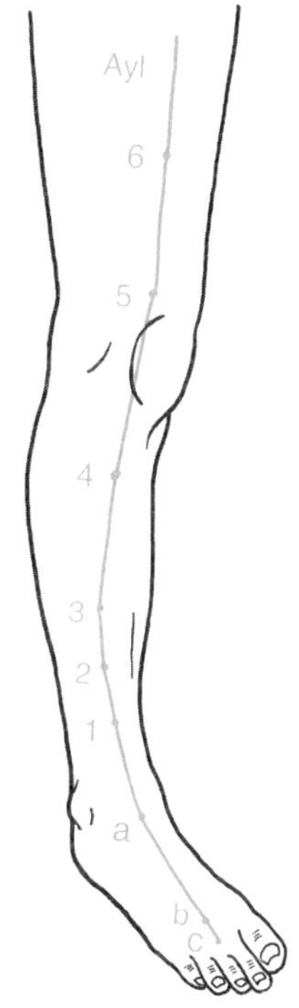

腳陽經第三條體流線
及按點

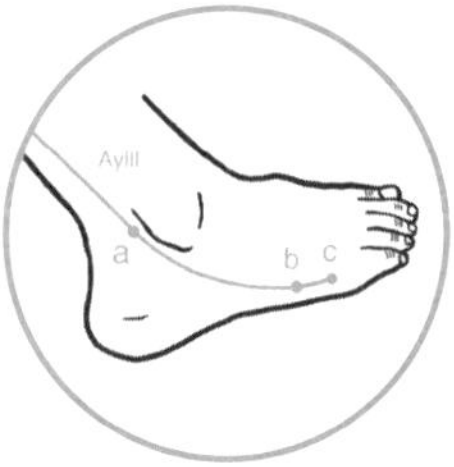

出問題（四次元），但是看不到，只看到三次元的症狀，真正的病因也就找不到，所以柯醫師說所有的症狀都是假的（參考第七章）；因此要知道中樞的病因，再用遠絡治療（五次元）來處理病因。

而在西醫體系有時知道病因，但是卻無法去治療病因，只能症狀控制；遠絡療法可以治療病因，因為全身都有經絡，所以可以用遠絡療法去治療病因，往往病因治療了，很多症狀都會痊癒。臨床上我常幫病人治療頸椎痛，但同時病人的偏頭痛、失眠、視力模糊也好了；幫病人治療腰痛，結果病人的便祕好了，血糖改善了。

而遠絡療法又有以下特點：㈠不打針。㈡不吃藥。㈢不針灸，非侵入性療法。㈣不碰觸疼痛處。㈤沒有副作用。所有我常笑說遠絡療法也有「四不一沒有」，而且是真正針對病因的治療。

四、利用一〇八個按點調整生命體流

我們都知道電腦的基本原理是0和1二進位系統，經由這樣的系統，我們在鍵盤上敲打就可以變換出文字，圖形，甚至打電動玩具。相同的，我們的人體在中醫也分為陰、陽，在人體的手腳十二條陰陽體流線上某些特殊按點去做處理，一樣可以調整我們的體流線，產生自癒能力。而遠絡醫學的每一條體流線都有九個按點，分別為1，2，3，4，5，6，a，b，c。十二條體流線共有一百零八個按點，這些按點有別於傳統經絡上的三百六十多的穴道，我們在這一百零八個按點去操作體流線，達到調整全身機能、產生自癒能力的目的。操作電腦時，要決定許多功能可按control鍵與function鍵。同樣的原理，可利用生命體流線上的C-point與F-point來調整生命體流。

C-point絡穴——指control point或connection point。每一條體流線都有一個絡穴，通常陰經和陽經是沒有相通的，可以想像陰經和陽經分別在一樓和二樓，那如何從一樓上到二樓或從二樓下到一樓？正常狀況下我們會使用樓梯，而絡穴也是這種概念，從陰經到陽經必須要有絡穴連結，從陽經到陰經也必須要有絡穴連結，connection 即為連結的意思。

在遠絡治療時，陽經的問題若要使用陰經治療，或陰經問題要使用陽經治療，這時就要使用絡穴；假若陽經的問題要使用陽經治療，陰經的問題要使用陰經治療，就不必使用絡穴，因為陽經和陽經原本就是相通的，陰經和陰經也是相通的。絡穴就像是一個開關，將陰經和陽經連結的通道打開，通道打開了，治療就開始有效果了；若再加上 F-point（對應穴），效果就更加明顯。

F-point 對應穴——柯醫師本身是西醫師，長久以來接受西醫的訓練，原本對人體的解剖就非常了解，再加上研讀許多中醫的生命全息律資料，而發展出遠絡的 F-point 對應穴。柯醫師將人體各部位的對應用 a、b、c、3、4、5、6 來表示，而在每一條體流線上找到 a、b、c、1、2、3、4、5、6，九個按點；這些按點皆在骨旁或兩筋之間的凹陷處，有些與傳統中醫的穴道相同，有些與傳統中醫的穴道不同。傳統中醫的穴道每一個穴道都有一個名稱，三百六十幾個穴道每個穴道都有自己的名字，而遠絡每條體流線上的按點都是a、b、c、1、2、3、4、5、6，非常好記又好用。

在治療時，一個局部疼痛點，只要同時按壓絡穴和對應穴，疼痛就立即消除（註）。我當初上柯醫師基礎課程時，剛好有右肩的肩峰鎖骨韌帶受傷發炎疼痛，柯醫師在我左手TxI體流線上的a和1點按壓約一分鐘，我右肩的疼痛就好了七、八成；遠絡療法不直接按壓患部，只須按壓遠端對應經絡的絡穴和對應穴，就可以消除疼痛。

五、遠絡治療：七種方法

我們可以用山崩及其交通狀態來理解體流線受到阻塞時的狀況。上山的路代表體流線，若路旁的山坡有碎石掉落，初期可能不會影響到車流，山路仍可保持

生命體流

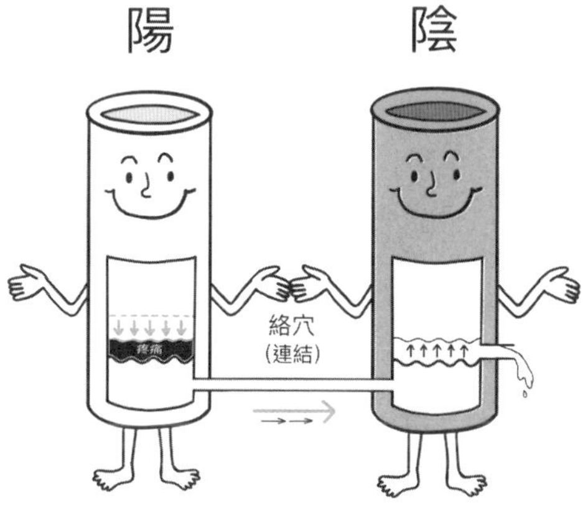

雙向，此時雖然交通順暢，但不能說此山路是絕對的安全；若隨著落石量的增多或落石體積增大，則開始會影響到車流，可能剩下一個車道而造成交通阻塞；假若造成土石流沖毀了車道，那就會造成交通中斷。這時如果我們要從山下回到山上，可以如何做呢？

假若碎石不多就可以直接清除障礙；假若情況較嚴重就必須做山的修復和道路的修復。一般來說有三種修復的方法：㈠當完全被阻斷時，可利用迂迴的方法走別的道路，即此路不通，那就走別的路。㈡除去道路落石的方法，直接清除障礙物，但通常還需其他方式幫忙。㈢道路和山坡補強的方法。

生命體流線受阻塞的程度，其實就像山路受落石或土石流阻塞的狀況相同。生命體流線只有小小的阻塞可能沒有症狀，但不代表他就是正常的體流線；事實上柯醫師觀察人體有某些地方特別容易受到阻塞，從「上醫治未病」的角度，我們平常可在這些地方用遠絡療法疏通體流線，使其盡量保持暢通，達到不生病的預防保健目的。

生命體流一旦流通，所有的症狀就會消失

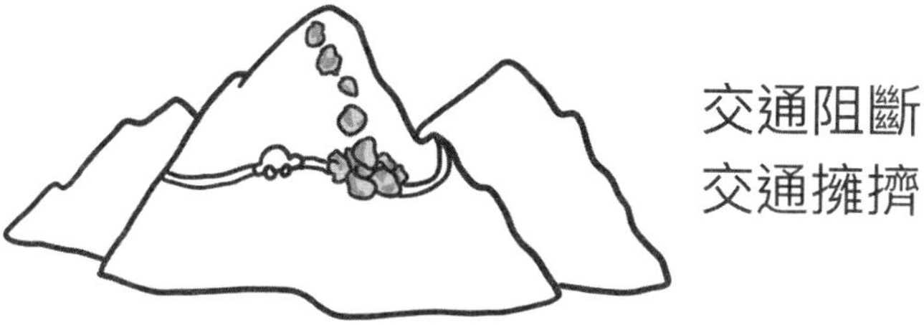

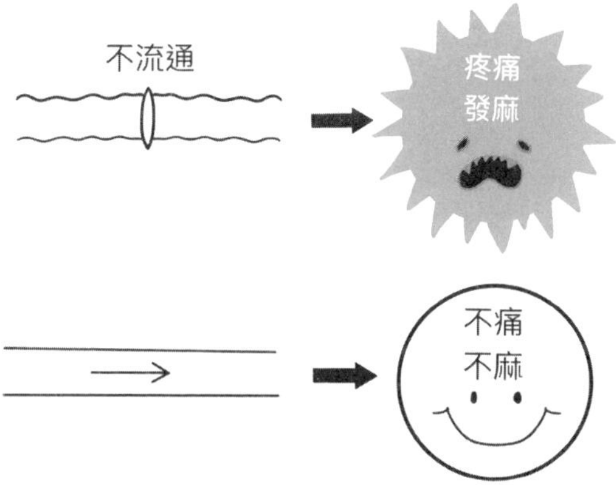

若生命體流線的阻塞開始變嚴重，正是所謂不通則痛。當體流線部分阻塞時，就會產生疼痛和酸痛，是屬於實症；若體流線完全阻塞，則在阻塞前方會產生酸痛，阻塞的後方會產生發麻，而發麻是虛症。利用這些簡單的概念搭配遠絡療法，就可以處理酸痛、發麻的問題。

遠絡學員中有一位婦產科醫師利用生命體流一部分被遮斷時，若影響到血液系統，進而產生子宮肌瘤的理論來治療病人的子宮肌瘤，該醫師發現若小於三公分以下的子宮肌瘤，在遠絡治療的同時以超音波檢查，可以看到子宮肌瘤變小。以西醫的角度而言這簡直是不可能的任務，但是在遠絡醫學領域卻到處可見驚奇。

遠絡醫學的治療方法共有七種，分別為連接、相輔、相克、補強、瀉母父陽經的6、牽引瀉法及季節處置七種。茲說明如下：

㈠連接：連接是遠絡治療的第一個治療方式，當生命體流受到阻塞時，用連接法治療的目的，就是要去除阻礙流動的堵塞物。

（二）相輔：相輔的目的是要加深並擴大生命體流的幅度和深度。我們可以想像生命體流的阻塞就像河流中有一塊大石頭，我們要如何將這一大石頭移動？如果把河床加深和擴大，是否較容易鬆動大石頭？相輔即是這樣的意思，如果在相輔的體流線上做補法，即可將體流線的深度和寬度加大。

（三）相克：粉碎阻礙流動的障礙物。假若生命體流線上有一個大阻塞，只用連接法是無法將這個大阻塞去除掉，此時就可以用相克這條體流線治療；在相克的體流線上做補法，可以將大阻塞粉碎成許多小阻塞，這時再做一次連接法，就可以將變小的阻塞清除了。就好像河床中的大石頭無法被直接沖走，如果將大石頭用斧頭先將其粉碎成小石頭，河水就比較容易將小石頭沖走。

（四）補強：中醫理論有虛者補其母，但遠絡治療是虛者補其母父。在傳統中醫五行相生相克中有母的經絡，並沒有父的經絡。但是柯醫師認為在大自然中很少是單性生殖的，絕大部分是一父一母生一子，所以柯醫師找到了父的經絡，將中醫的陰陽五行相生相克改為陰陽六行的相生相克。補強即補其母和父的經絡，可以強化體流線，以河流來舉例，就是為了不讓河岸潰堤，必須強化河岸補強。補強用於虛症，臨床上有發麻的病人，運用補強治療有很好的療效。我治療過因為腕隧道症候群而手掌發麻的病人，補其發麻經絡的母經和父經，發麻立刻消除。

（五）瀉母父陽經的6：可以增加生命體流的流量，而6這個點可以代表整條體流線。就像河道裡面的水流量增多了，就容易把阻塞物清除。

（六）牽引瀉法：運用牽引瀉法可以增加生命體流流動的氣勢，所以在做此手法時，刺激的手法速度要稍微加快；就像河道中湍急的水流比緩慢的水流較易鬆動河道中的石頭。柯醫師發現在靠近經絡的末端處通常都有轉折的地方，我們可以想像阻塞物流至末端容易在這些地方卡住，如果在這些地方往末梢做瀉的手法，想像把經絡拉直，又加快生命體流流動的速度，這樣阻塞物會被清得更徹底，臨床經驗顯示做此手法，可增加一成治療效果。

(七)季節處置：在西醫的治療中同一症狀或疾病，並沒有因為季節不同而有不同的處方藥，比如治療高血壓、糖尿病、咳嗽等。但在遠絡療法裡，同一症狀有時會考慮到不同的季節需要不同的處理方式。原因很簡單，我們都知道一年四季：春、夏、秋、冬大自然都有不同的變化，而我們人類也是大自然中的一份子，怎能不受影響呢？我們的身體在一年之中都不會有變化嗎？如果能注意觀察我們的身體，從早上到晚上，我們的身體事實上已經有些差異。

而柯醫師也不是一開始就有如此的認知，他是從一個病人身上觀察到這樣的關聯性。柯醫師有一位病人因為側頸肩痛，在冬天的時候來找柯醫師治療，柯醫師用本經牽引瀉法很快地他就將病人治好。過了幾個月，在夏天時病人又是同樣的病症來找柯醫師，柯醫師用上次同樣的處方幫病人治療，卻發現效果不好，當下有些改善，但病人走到醫院門口疼痛發作，又再回來找柯醫師。

柯醫師看了治療處方和上次都一樣啊，為什麼之前一次治療就痊癒，這次效果卻不好呢？後來柯醫師終於想通了，側頸肩痛的體流線是AyII，在陰陽五行裡是屬木，而木在冬天本身生命力就較弱，所以直接針對木去處理，問題就解決了；但是木在夏天時生命力旺盛，直接針對木去處理效果就不好了，就像欺負弱小的人容易，要欺負強壯的人很難一樣的道理。柯醫師也終於整理出，相同的症狀在不同季節的處理方法。

學會這七種方法，各類疾病都能處理

遠絡治療方法只有七種，只要學會了這些方法就可以處理所有的疾病，我常跟學員說，是不是比我們以前要當醫師時所受的訓練還少？不過要知道疾病的病理病態，再靈活運用遠絡治療方法，了解各種治療方法的意義是很重要的。

舉例來說一個局部的疼痛，遠絡醫學認為是體流線受到阻塞，我們可想像像河道中有一塊石頭，假若只是小石頭，則河水自己可以將其沖走，就像人本身有自癒能力一般；若石頭再大些，河水自己沖不走，這時需要清除，遠絡治療就可以用連接方式處理，若再加上將河道拓寬加深（補相輔），河中的石頭當然就更容易被鬆動了。假如石頭真的太大了，那是不是可用大鐵鎚先將石頭敲碎（補相克），如果再增加水量（瀉母父陽經的6），再使河道的水流速度加快（本經牽引瀉法），這樣就可以將阻塞物清得乾乾淨淨了。

多多思考遠絡各種治療的意義，甚至在治療時將要達到的效果念想出來，柯醫師認為這樣的治療效果會更好。

〔註〕針對本書所提供的十一篇「除痛ＤＩＹ」練習，即可以同時按壓C-POINT和F-POINT，達到緩解疼痛之效。建議輔以專用的「遠絡按壓棒」來按壓，可加強力道且效果更佳。僅提供市售網址供購買參考：https://class.ruten.com.tw/user/index00.php?s=abxyz69

右肩痛2

rTxI/a（疼痛點）

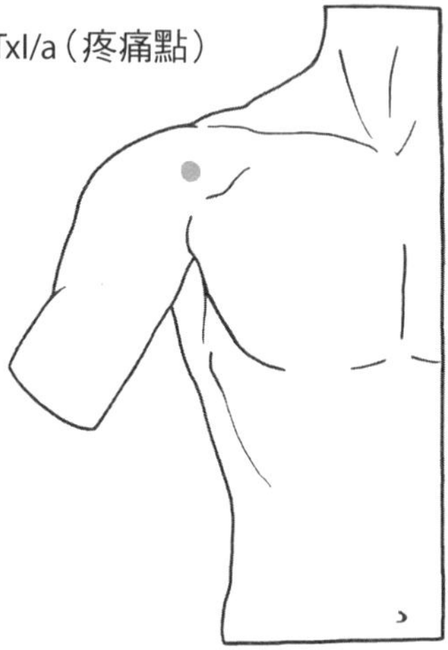

lAxII/0:a

F-POINT

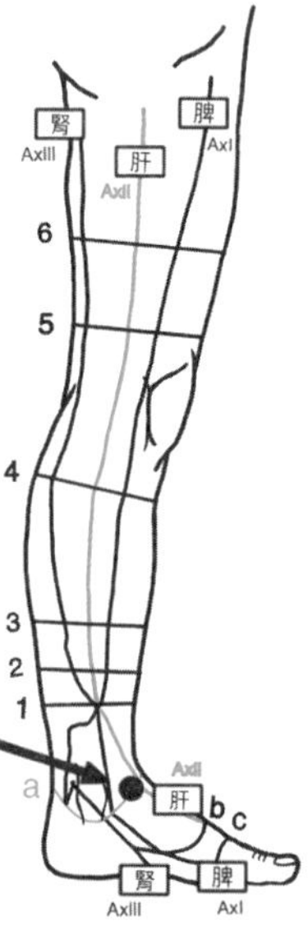

【遠絡醫學對症狀的分析之一】

第四章

不是局部就是中樞

從遠絡觀點來看：一個中樞的病兆可能會產生多個症狀，傳統治療習慣一個部位一個部位去治療；而遠絡療法是針對中樞的病因去處理，病因治好了，多處症狀當然也消失了。

柯醫師常常說所有的症狀不是局部就是中樞，所有內臟問題和皮膚問題都是中樞問題。那什麼是局部問題？什麼是中樞問題呢？

針對中樞的病因去處理

遠絡醫學所指稱的局部問題，是指疼痛的原因是局部受傷造成的，比如腳踝扭傷造成腳踝的疼痛，膝蓋挫傷造成膝蓋疼痛，而局部疼痛有以下的特點：

(一) 通常是單側性疼痛，造成疼痛的原因明確，比如扭傷，挫傷等。
(二) 疼痛部位明確清晰。
(三) 疼痛之外還伴隨有炎症發生（紅腫、發熱等）。
(四) 沒有四肢的疼痛和沉重感、發麻等合併症狀。

遠絡醫學所認為的中樞問題可區分為上位中樞、下位中樞，以及區域性中樞。上位中樞包括腦的部位，下位中樞包括脊髓及脊神經，而區域性中樞意思是局部問題造成發麻症狀，比如正中神經在手腕部位受到壓迫產生手掌、手指發麻的症狀。

中樞神經問題造成的疼痛有以下的幾個特性：

(一)沒有受傷病史，發作時沒有紅、腫、熱等發炎症狀。

(二)疼痛的位置不固定、會跑來跑去，比如膝蓋疼痛，有時痛在前側，有時外側痛，有時後側痛。

(三)雙側性疼痛，如雙膝疼痛、雙肩疼痛等，有時雙側同時發生，有時輪流發生疼痛。

(四)四肢疼痛、沉重感和發麻等合併症狀。

一個中樞病兆
可能產生多個症狀

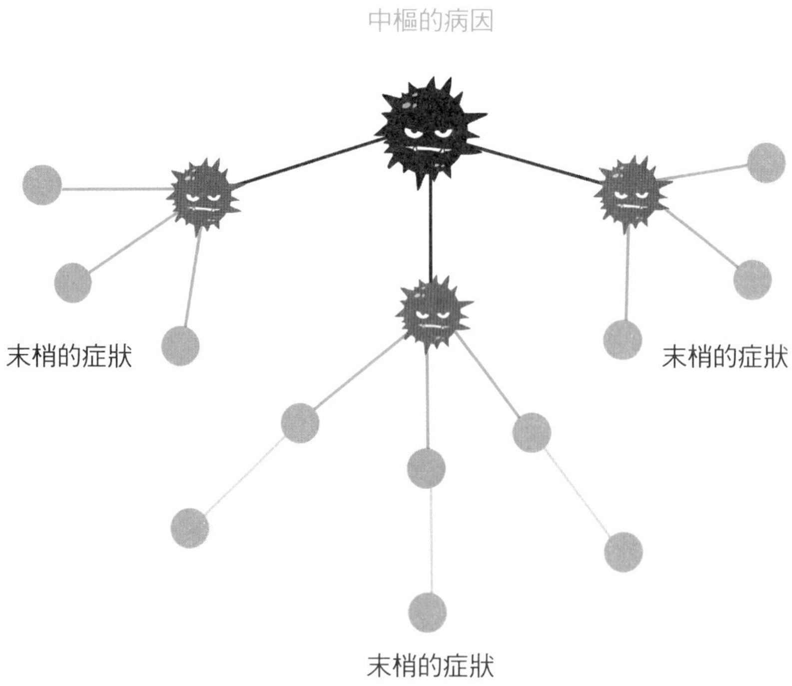

在復健科門診，疼痛病人是占大多數的，而且疼痛的部位通常不只一個地方，我在未學遠絡之前，面對這樣的病人甚是困擾；學了遠絡之後我常會跟病人說，你肩膀痛、腰痛、膝蓋痛、腳踝痛、足底痛都跟腰有關係，腰治療好了，其他部位的疼痛也會消失，病人通常都會半信半疑，但治療之後都嘖嘖稱奇。

從遠絡觀點來看：一個中樞的病兆可能會產生多個症狀，傳統治療習慣一個部位一個部位去治療；而遠絡療法是針對中樞的病因去處理，病因治好了，多處症狀當然也消失了。就像是柯醫師常比喻的桃樹生桃花，桃花長得不好，我們是要治療桃花還是桃樹？我相信大家都知道要治療桃樹。

病因和症狀也是相同的道理，肩痛、膝蓋痛、足底痛、腰痛都是桃花，是桃樹腰椎脊髓的炎症所造成的症狀，我們只要治療腰椎脊髓的炎症（桃樹），那些肩痛、膝蓋痛、腳踝痛、足底痛（桃花）都會痊癒。若只是治療桃花，症狀可能緩解但不容易根治，甚至不會改善。

案例一 ▼右腳內側足弓痛，腰椎卻是元凶

女老師因為右腳內側足弓痛已經有半年了，有的醫師說筋膜發炎，有的醫師說足弓太低，換了鞋子，也加了鞋墊，可是都沒有好轉，針灸推拿也時好時壞，最近痛點有時會跑到足背，她覺得很困擾，所以來求診。

我詳問了發病情形，她並沒有局部受傷的情形，再問她腰部是否會不舒服？病人說腰部時常會酸痛，但是還能忍受；我跟病人說她的問題和腰椎有相關，病人說從來沒有醫師跟她說是腰椎引起的，我說我治療給妳看就知道了。於是我先當成是局部問題用遠絡療法治療，病人疼痛當下減輕了一至二成，之後我再用中樞的治療方式處理腰椎，結果疼痛減輕了八成，她直呼不可思議。

其實在遠絡醫學的角度看疼痛，其原因不是局部即是中樞，而局部造成的疼痛必有其原因，若不明原因的疼痛即是中樞問題。若中樞問題用局部方式來處

理，疼痛仍會緩解，但是效果較差或容易復發；若用中樞的方式治療則效果快且能痊癒。

中樞的意思是腦或脊椎問題產生四肢、或臉部、或頭的疼痛，醫者若能將疼痛原因好好鑑別診斷，治療效果一定會大大提升，也是病人的福氣，相信醫者也能得到更大的幸福感！

案例二 ▼膝蓋半夜痛醒，來自腰椎深層發炎（腰卻不痛）

第二個案例是膝蓋痛，病人描述在二〇一二年初發生小車禍，印象中當時有擦撞到膝蓋，但是並不疼痛，大約三個星期後右側膝蓋才開始疼痛，疼痛的位置在膝蓋的兩側，有時半夜會痛醒，經醫師診斷是肌腱韌帶發炎，吃藥、針灸、推拿後會感覺好一些些，不過很快會再發作。

當聽完病人的敘述後，我已經知道病人的疼痛是中樞問題了，問病人是否會腰痛？病人說腰並不痛。問病人當時是否有跌坐在地上？病人說有，但是並沒有感覺腰不舒服。我請病人做蹲下的動作，病人顯得很吃力蹲不下去，而且右膝會疼痛並且有緊繃感。

我跟病人說膝蓋疼痛確定跟腰椎有關，於是開始幫病人治療，大約兩分鐘後請病人再做蹲下的動作，病人很驚訝地說：「怎麼會這樣，剛剛蹲不下去，現在可以了耶！而且膝蓋的疼痛只剩下一點點。」我開玩笑地說：「好，我今天包醫，讓妳的膝蓋都不痛。」於是我幫她再加強兩分鐘，病人就可以輕鬆地下蹲，而且不痛了，她直呼實在是太神奇了。

這位病人是腰椎深層的發炎導致右膝的疼痛，可是腰並不痛，這種狀況臨床上也常看到，因為腰不痛所以很容易會被診斷成局部問題，所以並不容易診斷；不過只要學過遠絡高二班的醫師，應都能掌握住局部與中樞的區別。

另外，我有發現到一個現象，我在福智園區幫病人治療，其效果都特別地好，以遠絡生命醫學的角度來看，在這裡工作的人都是發心當義工的人，他們抱著「利他」的態度，心中常懷「觀功念恩」的想法，自然自己的能量就會提升，遠絡的治療效果當然就會更好。

感恩，奉獻，加上遠絡醫學，讓我們的生命更美好！

案例三 腳跟痛，看似局部問題，卻須以中樞治療

有一男性病人，職業是軍人，但是他主要是負責文書工作，長期久坐。他是跛著進診間的，病人說前一天早上睡醒時感覺右腳跟腱疼痛，但白天好像有好一些，晚上不舒服加劇，當天早上睡醒時疼痛更厲害，走路愈來愈困難，並且發現右腳跟腱有輕微腫脹的現象，輕輕觸摸就非常疼痛。

詳問病人最近有無劇烈運動或腰痛？病人說上次的運動是跑步約一小時，不過已經是一個星期前的事了，最近並沒有劇烈運動或爬山、健走等，而腰部也沒有疼痛的現象。若是從前未學遠絡的我，一定會給他跟腱發炎的診斷，但會納悶

發炎的原因是甚麼？但是身為遠絡醫師的我仍然跟他說是腰椎引起的，於是用遠絡幫他治療腰椎。治療完後病人說腳跟輕鬆多了，走路跛行的情形也改善了，病人很訝異他的腳跟痛居然是腰椎引起的。當然也交代他要持續治療。

所以病人的疼痛原因是局部乎？中樞乎？我現在的心得是：若沒有受傷病史，也沒有局部過度使用，那就是中樞的問題。我的臨床治療經驗也顯示，看似局部問題，實際上是中樞的診斷治療，病人的病程好得快，可以縮短治療時間。我真的衷心希望有更多的醫師或治療師能投入遠絡，相信一定是病人的福氣！

案例四 右肩膀及左膝蓋疼痛，揪出腰椎問題

診間來了一位病人，主訴右肩膀疼痛及左膝蓋疼痛已經有三個月了。詢問病人有無做其他治療，病人說他去做了針灸，效果不明顯，最近找了一家傳統整復師，那個師父說右肩膀痛是頸椎引起的，而左膝蓋酸痛是腰椎引起的，於是徒手

幫他拉了頸椎和腰椎。病人當天拉完後會覺得很舒服，但是隔天睡醒後又疼痛起來，做了幾次之後問整復師為什麼會這樣？那到底要拉多久？整復師說因為地心引力的關係所以又會發作，所以可能要一直治療。病人聽完之後，覺得治療無止盡，所以跑來我們診所試試看。

聽了病人的描述，覺得外面的整復師還是有一些實力，有一些中樞的概念，只是不是很正確。首先病人是睡醒後疼痛，跟地心引力拉扯脊椎沒有關係，另外右肩膀痛，疼痛位置偏前面，所以也是腰椎引起的，所以我的診斷都是腰椎引起的。於是我請病人在診察床躺著，幫他在腰椎的對應點治療一分鐘，然後請病人起來動動看，果然病人右肩膀疼痛減輕了一半以上，左膝也輕鬆很多，病人非常高興。但這在復健治療會認為病人痛的位置是肩膀和膝蓋，而不是腰啊！這也是我想在復健科推廣遠絡的原因，因為可以讓病人得到更有效的治療效果！

案例五▼腳踝痛到無法走路，為何跟腰有關!?

某天下午在福智教育園區門診時，看到有一位學生坐著輪椅進診間，我習慣性地問：「腳怎麼了？」學生回答：「左腳踝好痛，痛到都發麻了。」我請她將鞋襪脫下來，看了看腳踝，並沒有紅腫熱的現象，請她指出那裡最痛，病人用手指著整個腳踝內側。問有無受傷？和痛多久了？她回說：「腳並沒有扭傷，昨天早上上課時突然痛起來，漸漸地腳踝愈來愈痛，今天痛到無法走路，甚至會有麻的現象。」我問病人是否下背會痛？病人說：「腰臀部已經酸痛一個禮拜了，看了兩次中醫，現在還是會痛。」幫她檢查下背部時有明顯的敲痛點；於是我跟病人和老師解釋腳踝的疼痛是腰引起的。經過遠絡治療後，果然疼痛減輕了，病人就走路回教室了。

案例六

膝關節痛坐輪椅看診，一次治療後就可以走了

一位約五十幾歲的病人，某日到福智園區當一日義工，就在當天中午搬東西時，不小心從約略五十幾公分高的地方跌下，因為雙手來不及撐地，左腳膝蓋直接撞擊地面。病人跌倒後還能自己起身，騎著腳踏車回義工區；但是大約三十分鐘後，病人左膝蓋劇烈疼痛，無法站立及走路。而我那天下午剛好有門診，所以病人就被人用輪椅推著到門診治療。

病人是坐輪椅來看診，詢問病史，她曾經罹患坐骨神經痛，且持續在復健科拉腰治療，現在腰已經不痛，且當下腰也沒有疼痛感。請病人站起來時，病人描述左膝劇烈疼痛，無法站立，也無法行走。讓病人坐下後，觀察她膝蓋並無紅腫熱痛的情形，做膝關節被動運動檢查時，膝關節角度並沒有明顯受限，僅描述左膝後面有緊緊的感覺，也沒有任何的壓痛點。於是跟病人解釋是腰部引起的膝關

節疼痛。病人說：「可是我的腰部不痛啊！」我笑笑說：「那我們治療完就知道了。」於是帶病人到治療床，經過八分鐘的治療，請她起來走走看，病人很驚訝地說：「可以走了耶！」帶她來治療的義工師兄師姐們，原本皺著眉頭的臉都露出了笑容。

案例七 胸椎治療約一分鐘，走路大腿不痛了

十九歲的大學生是第一次到我們診所，他主訴右大腿痛已經三天了，見他進診間時走路有點跛行。我請他坐下來，並且問問發病情形，病人說他大腿拉傷，我問說怎麼拉傷的？他說三天前打排球，打完之後右大腿突然很痛。我問說：「打球時有沒有印象大腿拉到、或撞到，或運動時感到大腿疼痛……？」病人說：「也沒有。運動完沒多久右大腿突然痛起來，而後上背也會痛，不過大腿比較痛。」

這時我已經知道病因了，我說：「這不是大腿拉到，是胸椎受傷引起的。」見病人一臉茫然，我請病人躺在診察床，在他胸椎治療大約一分鐘，再請病人起來走路；結果病人走路正常不痛了。他露出驚訝的表情，不過還是一臉茫然；我說：「你是打排球時傷到胸椎，你持續來治療，痛很快就會好了。」

這位病人的大腿疼痛，一般在復健科應該是會治療大腿，不過遠絡的診斷卻在胸椎。疼痛問題在遠絡醫學必須要區分局部性或是中樞性，若能判斷正確，療效通常會有令人意想不到的效果！

五十肩的治療經驗：病因局部乎？中樞乎？

五十肩是復健科常見的疾病，治療時間久，有些病人甚至很難痊癒。

五十肩，又稱冷凝肩、冰凍肩，正式學名為「黏連性肩關節囊炎」，主要是肩膀關節囊的組織發炎造成沾黏，所以手抬不起來，舉不高，無法做對側梳頭，背後扣胸罩的動作。

五十肩病程大致可分為三個階段：

(一)發炎期：平均約經歷十至三十六週，在這個階段，患者肩關節的滑液囊正值發炎，特別地疼痛。

(二)黏連期：此時關節囊開始攣縮，患部肩關節已不像初期正值發炎來得疼痛，但若手抬起至某個角度，仍然會引發疼痛；這個階段的病程平均約須經歷四個月至十二個月不等。

(三)舒緩期：隨著疼痛感逐漸降低，病程進展到第三階段的舒緩期，這時候患部肩關節已不太會痛，但肩關節活動度卻大受影響。

臨床上有很多難治性五十肩，有的病人治療了六個月、一年，都仍然治不好，很多病人就因此放棄了。在未學遠絡之前，因為不知道病因，所以對這樣的病人會覺得：是不是病人在復健的時候怕痛？病人沒耐心？而五十肩如果不是發生在慣用手，而且沒有受傷病史，屬於病因不明確的五十肩，治療起來更是棘手，常常復健完病人更痛，肌肉緊繃得更厲害；病人在治療過程中異常疼痛，當然對復健治療就望而卻步了。

幾年前在台南和黃明德醫師一起經營復健科診所時，曾經有一陣子五十肩的病人大增；這些病人有很多都發作超過六個月甚至一年以上，而且都曾接受過復健治療，但是很多都放棄了，後來經由病友口碑介紹才來到診所治療。

增加的病人導致我們那時申報徒手治療的比例大增，因此被健保局請去喝咖啡，記得當時的委員還問我們，這些發病這麼久的病人復健會好嗎？為什麼要申報這麼高，需要申報中度治療？我的老天爺呀！五十肩病人單純只做熱敷和電療有效嗎？如果不做徒手治療會好嗎？況且這些病人雖然發病已經超過半年甚至一年，不過到我們診所治療時間並不長久（也不過個把月），如果治療效果不好，病人應該不會來了啊！

後來經過協商，診所以後自降申報中度治療比例。而當時為什麼我們診所治療五十肩病人那麼有口碑呢？因為我和黃醫師是用遠絡的觀點來看五十肩的病因，而不再是不明原因了；並且加上對病因的治療，不單純只是治療肩膀，所以相對治療效果好。

從痛的位置來判斷是腰椎或頸椎問題

臨床上有些病人並沒有受傷的病史而發生單側肩痛，過一段時間後另一側肩膀也開始疼痛；或開始時只是單側五十肩，一段時間後另一側肩膀也開始有沾黏的現象。這些案例造成肩痛或五十肩的原因都是中樞問題，倘若肩痛的位置在肩膀前側，手無法往後或往後上方抬高，其五十肩的原因和腰椎有相關；若肩痛的位置在肩膀後側則和頸椎有相關。

在治療時一定要將這些中樞的問題考慮進去加以治療，之後再來對肩膀徒手治療，包括肌肉的舒緩和肩關節牽拉，這樣五十肩即可痊癒，而不需用到侵入性治療。另外，若是外傷性骨折造成肩關節沾黏，基本上會認為是局部問題，但如果治療遇到瓶頸，這時仍要想到受傷時是否有傷到中樞神經，病因是否為中樞問題？提供以下這案例供大家參考：

蔡女士是一位退休的老師，因為車禍造成右側肱骨骨折，骨頭癒合後右肩關節攣縮。蔡女士二〇一六年十月初到診所時右肩關節上舉約略九十度，經過一個多月的復健，病人右側肩關節主動上舉的角度約一百度，被動肩關節上舉角度約一百一十度，但是這種情形持續了一段時間都沒有進步，病人覺得很懊惱，擔心肩關節角度不會再進步。

這時我們突然想到車禍時會不會也傷到腰椎，所以就在病人腰椎第四至五節的對應位置處理，結果，神奇的傑克出現了！肩關節的角度大幅增加。病人非常高興，覺得在黑暗中又看到黎明的曙光了！經過一段時間的治療，肩關節沾黏的情形就痊癒了。

這個病例讓我們了解，通常我們認為理所當然的原因，可能不是真正問題的所在（例如這個病人右側肱骨骨折併右肩關節攣縮），當治療遇到瓶頸時，一定要去想是否方向錯誤了。而臨床上我們也遇到過很多五十肩的病人已經放棄治療了，後來經人介紹到我們診所，而我們換個思考角度來處理時，病人都痊癒了。

醫學真是一個好玩的行業，人體也真是不可思議，助人最快樂！

右網球肘

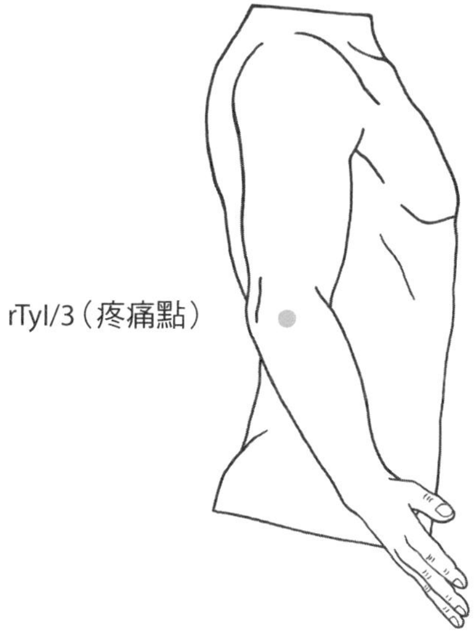
rTyI/3（疼痛點）

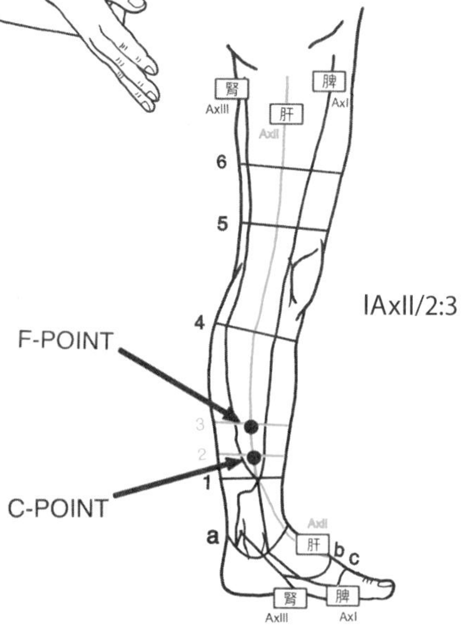
腎
AxIII
肝
AxII
脾
AxI
6
5
4
3
2
1
IAxII/2:3
F-POINT
C-POINT
a
b
c
AxII
肝
腎
AxIII
脾
AxI

【遠絡醫學對症狀的分析之二】

第五章

本來就是這樣

如果從四次元的層次來看三次元，那三次元的東西就一目了然、一清二楚，本來就是這樣。人的鼻子、嘴巴就是長在那個地方，有什麼道理可言？本來就是這樣！

柯醫師在上課時常講一句話：「本來就是這樣。」不要問為什麼？問為什麼只會證明我們的無知，不會找到答案。這對我們這些接受傳統訓練、要求實證的醫師實在是難以接受，所以很多醫師學習遠絡時聽到這句話就打退堂鼓了。在學遠絡初期，因為震撼於遠絡治療的效果，我有時也會分享遠絡醫學給其他醫師，有些醫師也會好奇地問遠絡醫學是什麼，但也有些醫師開口就問有沒有論文報告？有沒有做過什麼實驗證實它的效果？有沒有什麼科學的理論基礎？我的答案是沒有，即使我剛剛已經用遠絡治療幫他緩解了腰痛，他仍然對遠絡醫學敬謝不敏。所以柯醫師也常說，你們這些來學遠絡的醫師都是怪怪的醫師，一般的醫師是不會來的。

也幸虧初期有了一群怪怪的醫師來學遠絡，所以遠絡醫學得以傳了下來；也還好有怪怪的前三軍總醫院教學副院長，暨國防醫學院醫學系主任汪志雄教授，和三軍總醫院麻醉部主任葉春長教授，他們已經發表了多篇遠絡醫學的論文在知名的醫學期刊上（註），所以遠絡醫學也有了一些實證基礎，相信未來能讓更多的醫師接受遠絡醫學。

從三次元到五次元：螞蟻的故事

柯醫師上課時說遠絡醫學是三次元的症狀，四次元的診斷，五次元的治療。所以如何能從三次元的層次去實證四次元的層次？這是無法證明的。但是如果從四次元的層次來看三次元，那三次元的東西就一目了然、一清二楚，本來就是這樣。人的鼻子、嘴巴就是長在那個地方，有什麼道理可言？本來就是這樣！

有一個比喻我覺得非常恰當，螞蟻是二次元的動物，只能走平面，而人是在三次元的空間，假若有一個人能說螞蟻的語言，當他看到螞蟻行進的路線前面有一座橋，他發出一個聲音告訴螞蟻，螞蟻螞蟻，前面三公里有一座橋，當螞蟻走了三公里之後果然看到一座橋，那螞蟻會有什麼想法？而再過兩公里會有一座山，經過山會有一個湖泊。當螞蟻走過所有的路，一一驗證了那個聲音描述的狀況，你認為螞蟻會認為那個聲音是什麼？牠一定會認為那個聲音是「神」，是「上帝」，因為那個聲音預知了螞蟻即將發生的一切。

事實上這只是次元空間的不同，在三次元空間的人類可以看見比在二次元空間的螞蟻多太多了。在三次元空間的人類看到的本來就是這樣的情景，卻成為螞蟻眼中的神；而遠絡醫學要學習的是三次元的症狀，四次元的診斷及五次元的治療。在門診時病人跟我說他頸椎痛，我除了會詳問他發作時間，發作狀況，還會問他是否有頭痛、入睡不好、淺眠、多夢、易醒、自律神經失調、容易緊張、焦慮，甚至恐慌、注意力不集中、記憶力下降、手腳冰冷、視力模糊等症狀。病人常常訝異地說，對耶，醫師你怎麼都知道？

有時我會笑笑地說：「本來就這樣啊！」其實這就是遠絡醫師的訓練，從病人主訴的一個症狀，診斷出病人四次元的病因，再從四次元的病因，推測出病人所有三次元的症狀，再用五次元的遠絡治療來幫助病人。

三次元的症狀，四次元的診斷，五次元的治療

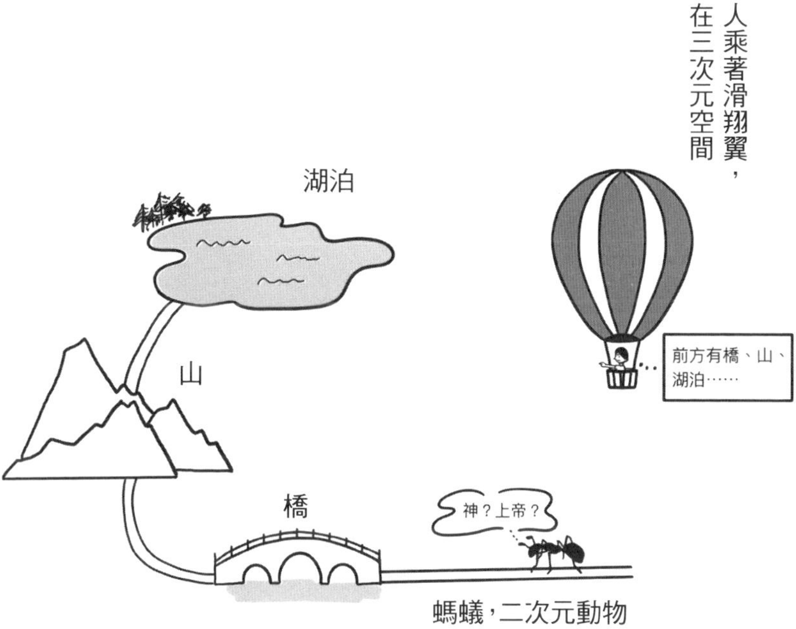

案例一 典型的腰椎受傷引起肩膀疼痛

臨床上常發現到有些病人肩膀疼痛或五十肩發生在非慣用手，且沒有肩膀局部受傷病史。這類病人常歸類到不明原因。其實事出必有因，是否醫者仍然無知？所以不知原因。

一位六十幾歲的婦人到門診主述左肩關節受限及疼痛，肩膀上舉角度約一百度且上舉時肩膀疼痛（TxI）。病人自述左肩關節並沒有受傷病史，也沒有提重物。病人慣用右手。問病人發作時間及情形，病人說她大約一個禮拜前走路滑倒，屁股跌坐地上，當時並沒有用手去撐地，當下腰及臀部非常疼痛。大約三天後左肩突然劇烈疼痛，再兩天後左肩無法上舉。治療時我先將崗下肌鬆開，病人上舉角度增至一百一十度，接下來治療她的腰椎，病人上舉角度增至一百五十度，且疼痛感減輕八成。誰說肩膀疼痛不會是腰椎引起？這真是典型的腰椎受傷引起肩膀疼痛。

案例二 難纏的網球肘

這位三十五歲的女性病人來門診時，你真的會感覺到她非常地痛苦。問病人到底怎麼了，病人主訴她左手手肘關節痛已經長達一年多了（不管做甚麼治療都沒效）；她看過了中醫推拿、針灸、西醫打針吃藥、局部類固醇注射，甚至自費的震波都沒有效，一年多來醫藥費也花了好幾萬，想說花錢有效就算了，結果不但沒效反而更痛。她說中西醫的醫師診斷都是網球肘，而她是右撇子，也不打網球，怎麼會有網球肘？醫生都說不出原因。

這時，我問病人從事甚麼行業，她說是上班族，整天都要打電腦，剛開始時打電腦會不舒服，後來不打電腦時也會痛，最近晚上睡覺時會痛醒，非常地難過，也快沒辦法上班了。我又問病人是不是打電腦的時間都非常久，中間都沒休息？病人說沒辦法休息，公司的業務很多，只有她一個人打字。我又問她是否坐久了腰會很酸，早上起床時腰也很僵硬？病人說：「醫生你怎麼知道，不過動一動就會改善了。」我說：「我當然知道，因為妳左手肘痛是因為腰椎深層發炎引起的，所以我知道啊！」病人說：「怎麼會這樣，我去看了十幾個醫師，沒有一個醫生跟我說我手肘痛是腰引起的。」我說：「妳好像住離我們診所很遠，怎麼會來我們這裡？」「是另一位醫師介紹我來的，醫師說這裡有甚麼最新的遠絡治療可以幫我，叫我一定要來，所以我就來了。」我說：「好，我現在治療給妳看，妳就知道了。」

我請病人躺在診療床上，在第四、第五節腰椎的對應點上按壓一分鐘，再請她動動左手肘關節。病人說：「好多了，手肘不緊了，疼痛也減輕了。」我說：「對呀，因為我們是針對真正的病因去治療，所以效果馬上可以看得到。」這時病人露出笑容並說：「我的手真的有救了。」後來病人治療了約三個月就痊癒了，恢復了正常工作。

在未學遠絡之前，我曾經在高雄上班時，也有一位忠誠的患者因為網球肘這個問題讓我治療了一年多，但是一直都沒有真正好轉；到後來看到他來門診我都會有點不好意思，但是病人反過來都會安慰我，醫生是我自己的問題啦！在學了遠絡之後，我才知道，真正是我自己的問題。

臨床上有些網球肘的病人，不管是不是慣用手發作都非常難治療，原因是因為診斷出了問題。很多症狀的表現都只是果的表現，若不知道因在哪裡，一直在果上處理，通常都處理不好，症狀會反覆發作。就如同蘋果樹上的蘋果爛了，不治療樹，只把蘋果摘掉，再長出來的仍是爛蘋果，所以治療疾病也是一樣，要找到真正的因去治療才有效。

案例三▼足底肌腱炎？問題居然是在腰薦椎

有一位張姓男病人，在工作時從大約兩公尺高的梯子，人往後跌落，腰薦椎著地，腳並沒有直接撞擊到地上，可是病人說他的腰臀部並不感到疼痛，但是跌倒當下站起來時，右腳足跟及腳掌就異常疼痛到不能踩地。病人到醫院檢查，腰椎和右腳都照了X光，骨頭沒有異常，而右腳掌心有瘀血的現象，醫院的醫師給他的診斷是足底肌腱炎。

當晚病人因為痛到受不了，跑來我們診所治療，而我給他的診斷是腰椎第三節到薦椎的發炎，病人半信半疑（因為他的腰臀部都不痛），於是我請他躺在診察床上治療，大約兩分鐘後病人覺得腳的疼痛減輕了三成，覺得不可思議他的問題居然是在腰薦椎。其實受過訓練的遠絡醫師都知道「本來就是這樣」。

案例四

沒錯，阿嬤的肩痛跟腰受傷有關！

七十幾歲的大菩薩被帶到園區診所來治療左肩膀疼痛，並且無力上舉。說她是大菩薩，是因為七十幾歲了還每天在福智教育園區廚房當義工，因為年紀大了就負責洗菜的工作。

病人說她左肩膀疼痛且肩膀無力已經好多天了，吃中藥和針灸效果不明顯，醫師說她得五十肩了，因為知道當天有復健科醫師門診，所以特地來找我治療。而這位大菩薩突然說：「醫生，請問我的肩膀是不是腰造成的？」我好訝異她竟然會這麼問，於是我問她為什麼會這麼說？病人說因為她的肩膀痛是在跌倒後才發生的。原來病人在一個月前洗完菜後，雙手捧著菜盤要將菜端去炒，沒注意到地板濕滑一不小心滑倒了，當時怕洗好的菜灑了一地所以雙手仍然捧著菜盤，而屁股就直接跌坐在地上，之後腰臀部就痛了許久；後來經過治療，腰臀已經好多了，手部則因為沒有用來撐地，所以應該沒有受傷。

但是幾天前左肩膀卻突然間劇痛起來，所以她認為左肩膀的疼痛是不是跟之前腰受傷有關？因為病人肩痛的位置在肩膀的前側，所以我笑笑地跟她說：「阿嬤妳好厲害，沒錯，妳的肩痛跟腰受傷有關。等一下我治療給妳看，很快就會好了。」於是我請病人左肩上舉，上舉角度約九十度而且會有劇痛。我請病人記得上舉時疼痛的感覺，接著請阿嬤躺在診療床上，在任脈的對應點上治療約略兩分鐘，又在手腳的對應點上治療了幾分鐘，然後請阿嬤坐起來再試試肩膀上舉，阿嬤顯現出訝異的表情說：「耶，可以舉高了耶，肩膀鬆了耶！而疼痛只剩一點點了。醫生你很厲害耶！」我笑笑地說：「沒有啦，是阿嬤妳厲害，是妳叫我治療腰的，所以是妳厲害。」阿嬤說：「喔，是這樣喔？」我說：「是啊，本來就是這樣啊！」

福智園區真的是一個福地。

案例五

右手打自己的左臉，為何「左」手掌會痛？

如果您是醫師，如果遇到這樣的症狀：當病人用右手打自己的左臉時，病人的「左」手掌會痛。您會診斷嗎？我承認在未學遠絡醫學之前，我真的不會。

這個是新加坡的案例，柯醫師有次到新加坡講課，當地的遠絡醫師帶一個病患給柯醫師診治——這個病患的症狀相當特別，考倒了當地的中西醫，後來求助當地的遠絡醫師；這位醫師當時未具備完整的四次元診斷知識，所以也無法診斷，只好趁柯醫師到新加坡講課時，求助柯醫師診療。

病人的症狀就是當他用右手打自己的左臉時，「左」手掌會痛。這真是奇怪的病症，相信世界上能診斷出病因的醫師應該是絕無僅有，只有柯醫師才有能力診斷出病因，若是一般的醫師應該會一頭霧水，完全無法思考原因，但如果具備有遠絡四次元的診斷知識，其病因就很簡單，本來就是這樣！柯醫師的解答是：

本來就是這樣啊！

胸椎第四、五節脊髓炎症所產生的問題，接著用遠絡療法治療，病人果然好了。

這就像是柯醫師所說的，若只具備三次元症狀的知識，是無法診斷出四次元的病因；但若已經具備有四次元診斷的知識，那你當然就會知道所有三次元的症狀，那時你就會說「本來就是這樣」。

案例六 ▼ 兩手發麻，腕隧道症候群？

五十九歲的女性病人兩手發麻大約有半年之久了。初期是右手掌（五隻手指）偶爾發麻，一段時間後兩手掌發麻，尤其騎摩托車時常常會發作，騎車時發麻的位置會從手掌往上延伸至前臂的陰面，不過停下車兩手甩一甩，麻就會消退。來門診前左手發麻的情形不再是偶爾發作，而是整天發麻，甚至左手五隻手指的末梢會有刺痛感。

病人看過中醫，吃了中藥和針灸治療，沒有改善；也到醫院看診，醫師說是腕隧道症候群。病人吃藥一段時間沒改善，於是醫師建議病人開刀，說只要在手腕的位置劃一刀就好了。病人因為她的大姊也手麻去開刀，結果沒效反而更嚴重，所以不敢開。我聽了這個診斷，其實傻眼了。

我再次確定病人是五隻手指都發麻嗎？病人說一直都是。我就納悶了，因為很明顯的這並不是腕隧道症候群，因為腕隧道症候群發麻的位置是從姆指到第四指的一半，小指不會有發麻的現象，這是很簡單的診斷，外科醫師應該不會診斷錯誤。那……為什麼要建議開刀？我跟病人說還好妳沒開刀，因為不是腕隧道症候群。我說以遠絡醫學的觀點，病因是因為胸椎的問題造成手指的刺痛，和手掌的發麻；並且跟病人說治療後刺痛馬上可以消失，發麻需要一段時間的治療。果然治療後手指的刺痛就消失了，病人很高興地說這個治療好，不用打針吃藥，這個治療好。

案例七

手掌突然麻痛，手指無法彎曲

二十幾歲的女性患者主訴左手掌突然發生麻痛，痛到手指無法彎曲，工作都受到影響。詢問病人是否有過度使用手掌或是有受傷的病史？病人回答：「沒有。」仔細檢查她的手掌，並沒有特別的肌肉韌帶問題，於是再問病人後上背是否會有緊繃、疼痛或胸悶的症狀，病人說已經胸悶一陣子了；我跟她說手掌痛是胸椎發炎引起的，於是用遠絡療法幫她治療。

在治療時病人痛得哇哇叫，但幾分鐘過後，病人感覺手掌麻痛消退了八成以上，問我說：「是不是疼痛轉移了？」我笑回說：「妳覺得呢？治療的地方還會痛嗎？」「還好。」我接著問：「那左手掌呢？」「已經不太會了。」我說：「那這樣是疼痛轉移嗎？」病人好奇：「應該不是吧！這是什麼治療？」我說：「這是遠絡療法，很神奇是吧!?病人很驚訝：「太厲害了，這療法真的很神奇，不過治療時真的很痛。」我感到安慰地回她：「恭喜妳啊，會痛代表還有救！愈痛效果愈好啦！」

遠絡改變治療方向，免開刀、免拉脖子又拉腰

台語有一句俗話說「醫生怕治療咳嗽和麻」。在復健科門診，以酸痛發麻的病人居多，對於發麻的病人治療效果通常較慢，較不理想。有些神經外科和骨科醫師對於頸椎引起的手發麻、或腰椎引起的腳發麻病人，通常會跟病人說先復健三個月，若沒有改善就必須開刀。以前對於這些發麻的病人真的也沒什麼把握，就復健拉腰、拉脖子試試看；但學了遠絡之後，不同的思考邏輯，對發麻的病人更能掌握其病理病態，治療的效果更快更好，不用拉脖子拉腰也可痊癒。

以手發麻為例，我在門診有太多的病人手掌發麻，只因神經傳導檢查顯示，正中神經在手腕部位的傳導速度變慢，醫師就跟病人說是腕隧道症候群，要求病

人開刀，病人因為不想開刀跑來復健，我檢查之後發現是胸椎發炎引起，於是改變了治療方向，病人很快就痊癒了，也免了一刀。

事實上，單手發麻、雙手同時發麻、手背發麻或是手掌發麻，還是手掌手背都發麻，這些病因都不同，若用遠絡四次元的診斷觀點，其實病因是清清楚楚的；有些是頸椎引起，有些是胸椎引起，也有是來自腰椎，甚至是視丘蓄積造成手部的發麻，看似複雜，但若在遠絡四次元的角度來看症狀，其實是非常簡單的，就像柯醫師說的：「本來就是這樣！」

【註】遠絡相關論文

01. Can we do better, in addition to the pharmacological treatment, on pain: collateral meridian therapy. Acta Anaesthesiol Taiwanica 44: 59-60, 2006.

02. Collateral meridian therapy dramatically attenuates pain and improves functional activity of a patient with complex regional pain syndrome. Anesth Analg 104: 452, 2007 (SCI)

03. Shoulder-tip Pain Following Laparoscopic Surgery Analgesia by Collateral Meridian Acupressure (Shiatsu) Therapy—Report of two cases. J Manipula Physiol Therap 31: 484-488 , 2008 (SCI)

04. Collateral meridian acupressure therapy effectively relieves postregional anesthesia/analgesia backache. South Med J 102 :1179-1182, 2009 (SCI)

05. Successful treatment of primary dysmenorrheal by collateral meridian acupressure therapy. J Manipulative Physiol Ther 33: 70-75, 2010 (SCI)

06. Overview of collateral meridian therapy in pain management: a modified structured formulated Chinese acupressure. CJP 20: 66-76, 2010

07. The effects of collateral meridian therapy for knee osteoarthritis pain management: a pilot study. J Manipula Physiol Therap 36: 51-56, 2013 (SCI)

08. Comparing complementary alternative treatment for chronic shoulder pain of myofascial origion: collateral meridian therapy versus local tender area-related meridian therapy. Medicine 95:35, 2016 (SCI)

09. The therapeutic effect of collateral meridian therapy is comparable to acupoint pressure therapy in treating myofascial pain syndrome. Complement Ther Clin Pract. 2014 Nov; 20 (4): 243-50.

右腰痛1（L45）

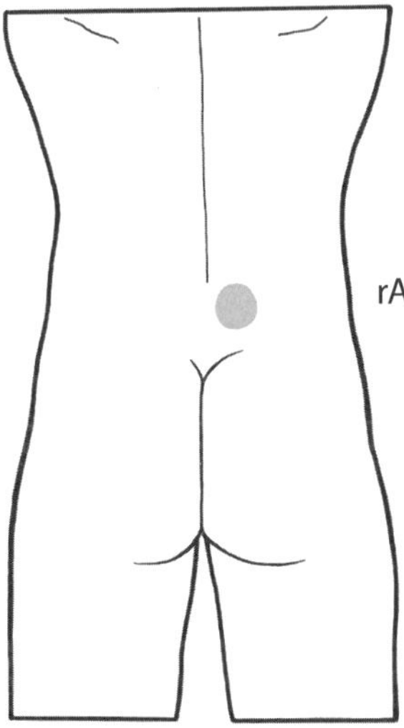
rAyIII/4（疼痛點）

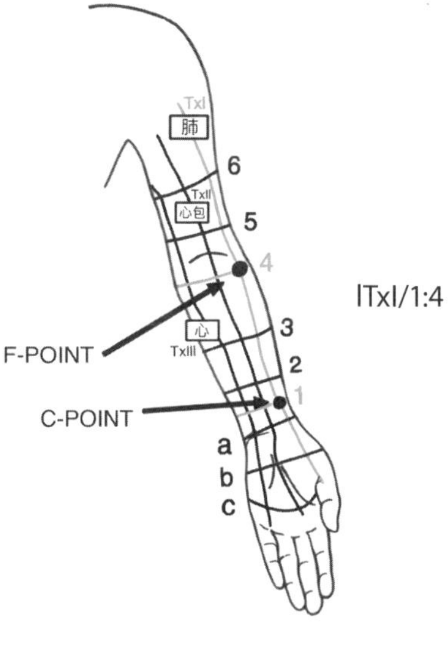
TxI
肺
6
TxII
心包
5
4
lTxI/1:4
F-POINT
心
TxIII
3
2
1
C-POINT
a
b
c

第六章

生命體流調整術

生流術可以讓我們自己打通生命體流，增加能量，但也是必須天天練，持之以恆；除了遠絡治療之外，加上生流術或彭氏氣功的操練，一定可以讓自己的身體更加健康。

在學遠絡多年後，有天上課時柯醫師說要開一堂新課程，名稱是遠絡生命體流調整術，簡稱生流術；其目的是要透過生流術調節生命體流，使生命體流順暢，甚至可將生命體流不通的地方打通。

生流術其實就是一種氣功

遠絡醫學也是能量醫學的一種，在治病的過程中強調醫者的能量與病人的能量，當醫者和病人的能量皆強，則病人的恢復較快，若有其中一方能量弱，恢復當然就慢。對於醫者如何增強自己的能量，柯醫師認為需要燃燒自己為病人付出，這時醫者的能量就會增強；另外還要做生流術，讓自己的生命體流保持通暢，甚至把自己生命體流不通的地方打通。因為醫者自己很難幫自己做遠絡治療，一旦醫者熟悉了生流術，也可教患者生流術，讓患者在家也可以調養自己。

柯醫師也說生流術其實就是一種氣功，在上課時講了很多練氣的理論；柯醫師在年少時曾經想成為聲樂家，也學過聲樂的歌唱技巧，所以在講課時也讓我們練習了一些竅門。可惜的是，我自幼對音樂歌唱總是懷有莫名的恐懼，覺得自己真的練不來，柯醫師又說要學會生流術至少要兩三年，我內心想我資質駑鈍，要練成神功不就遙遙無期，自己都練不成，那如何來教病患？

其實我原本對氣功就很有興趣，也曾經在國內某知名大師的道場團練好幾年，自覺對身體有幫助，但是始終沒有學到柯醫師所說的運氣法門，即用氣功助人的本領。或許是心有所念，在無意間遇到了彭氏氣功創辦人彭智明大師，彭老師是彭祖第七十二代子孫。彭式氣功起初是家傳氣功，而彭老師創辦彭氏氣功後強調學氣功要智慧的練，快樂的練，不需要苦練，每天只要練十至十五分鐘，六週即可練成鐵腹功。

如此吸引人的條件，倒也引起了我的興趣，因為印象中練功每天總要練個一兩個鐘頭才行，也不見得會有所成就，每天只要十五分鐘還真是符合現代人的繁忙生活型態。可是我仍然不滿足，因為柯醫師要求練氣功要練到能運氣，我也相信很多氣功大師真的能做到，因為我曾親眼見到某位氣功大師用手指點向蠟燭，就將燭火熄滅；但是大師會有如此功力，我們學得到嗎？多久能學會？於是，我寫電郵詢問彭老師，如果跟他練氣功能否練到此竅門？彭老師回答說可以，沒問題，在第五堂課時就會將此竅門教我們，而且保證學會。

其實我當時內心在想「是真的嗎」？當時彭老師說他從未到高雄開過課，路途又遠，希望我找到六位以上的學員，他才願意來高雄開課；而我看到彭老師豐富的經歷（註1），心想應該不是江湖郎中，所以很快地找了多位學過遠絡醫學的醫師，一起和彭老師練功。

與家傳幾百年的彭氏氣功異曲同工

學了彭氏氣功之後，發現彭氏氣功和柯醫師生流術的理論有相通之處，柯醫師生流術的基礎概念中有提到內氣及外氣，內氣的產生是用「被動呼吸法」來增

生命體流

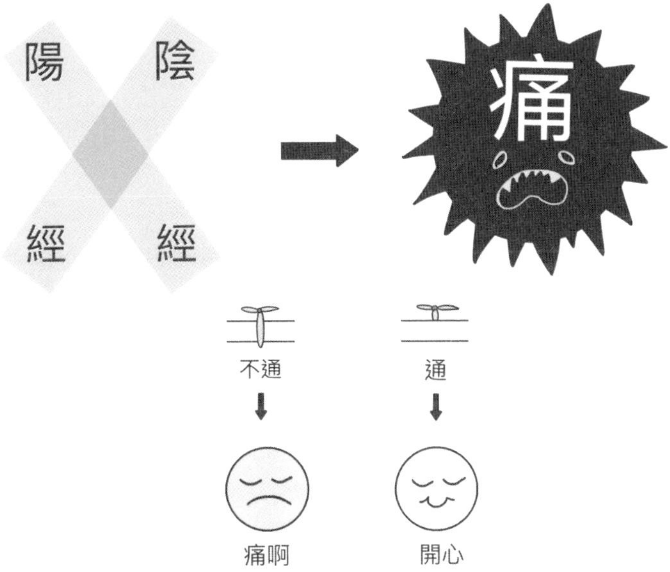

神經、血液、淋巴、氣、氣體、離子

大吸氣量，主要是將肺裡吐氣時有空氣殘留的空間（dead space）及未使用的肺泡，來活化增大吸氣量，這個概念和彭氏氣功的大調息功法強調多吐三成氣，是相通的。

柯醫師認為內氣可儲存於多個氣箱，正和彭氏氣功可以鍛鍊多個丹田一樣，除了要練多個氣箱之外，較難的其實是外氣的運用。柯醫師認為外氣的使用關鍵地方是在下腹部和肛門，這又和彭氏氣功的運氣主要訣竅有相通之處；還有，柯醫師教導的五種能量製造方式，和彭氏氣功的金剛八式有異曲同工之妙。我真的非常佩服柯醫師，柯醫師是沒有學過氣功的人，因為發明了遠絡醫學，相對的理解到氣功的原理，竟然和家傳幾百年的彭氏氣功相似。彭氏氣功雖只是家傳，但畢竟已經傳了數百年，有一定的練功步驟，再經過彭老師的簡化，教導時又不藏私，讓有興趣的人能在短時間內就有所收穫，逐漸改善健康。

彭氏氣功初段班主要是練鐵腹功，問彭老師為什麼先練鐵腹功？彭老師說肚子裡的臟器最多，很多慢性病都和肚子的臟器有關，比如胃、肝、腎、腸子、胰臟等，所以先把肚子的氣調好，可以減少很多慢性病的產生；初段班當然還有針對頸椎、眼睛和胸椎的功法。我發現我真的很幸運遇到了彭氏氣功，因為遠絡的精髓就是在處理人體的中樞神經腦和脊髓，而彭氏氣功的功法也都可以幫助這些地方改善。比如彭氏氣功的銳眼化功法和大調息，可以改善頸椎及頸椎第一節發炎所產生的蓄積問題；鐵腹功可以增加腰薦椎的能量，增加脊椎的支撐力，改善腰痛、坐骨神經痛以及一些內科的症狀，如胃食道逆流、脹氣、便祕、婦女經痛等。

用自己的病況測試彭氏氣功，印證遠絡原理

我和幾位遠絡醫師是彭老師在高雄教氣功班的第一個班級，卻是彭老師的第三十八班氣功班。在未上氣功課程前約一兩個月，我剛好有胃食道逆流的症狀，我想可以試試氣功的效果，所以也就沒有治療，單純練氣功調理；結果練了兩個

多月，胃食道逆流症狀就好了。另外，我的腰一直都很僵硬，早上起床時除了腰僵硬之外還會有腳底刺痛的感覺，但練了一陣子鐵腹功之後，都痊癒了，即使有腳底刺痛的情形，只要運一下鐵腹功也就好了，這也印證了遠絡療法診斷腳底類似足底筋膜炎的症狀，是由腰椎炎症所引起的。

另外有一位牙醫師因為坐骨神經痛到高醫檢查，做了一陣子復健治療覺得無效，外科醫師建議開刀；該醫師不想接受開刀也是因為以前學過遠絡治療，所以找到我幫他做遠絡治療。治療一段時間後，症狀減輕了九成，但總是無法完全痊癒。

因為該牙醫師工作時間長，需長時間久坐及彎腰，所以每天要下班時症狀總會發作，下班後自己再用遠絡療法治療；經過一夜休息，隔天早上又好了，但是工作後症狀又會復發，雖然不舒服的程度只剩兩成，總是覺得很困擾。那時剛好彭氏氣功要開班，於是我也請他一起來練功，該醫師只練了一個月，不舒服的症狀就改善許多，練了五個月就幾乎痊癒了；另外還有幾位醫師分享練氣功之後飛蚊症也減輕，每天的排便也更順暢了。

遠絡治療＋生流術＋彭氏氣功

柯醫師認為外氣的使用需要由腹部的丹田來驅動，而且可以練多個氣箱，及多個丹田。彭氏氣功初段班也是先練腹部的丹田，即鐵腹功，再把腹部的丹田當成一個發電廠，然後再用運氣的訣竅，把氣傳到我們想要傳達的地方。

彭式氣功進階班課程甚至練成其他部位的丹田，如鐵臂、銅龜背、萬韌腰、甚至金剛身，當然這些都不是一蹴可幾的，也是需要長久有恆的練習；但是彭氏氣功強調智慧的練，快樂的練，不需苦練，每天只需要十至十五分鐘，即可達到強身健體，甚至鍛鍊心智的功效。我覺得在現代繁忙的社會中，彭式氣功真的是一種簡單易行、且有效的養生保健運動，也真的很感謝彭老師不藏私的教導。

彭氏氣功在高雄陸續開班後，我也介紹了幾位遠絡病人練彭氏氣功，病人的反應都非常好。其實健康最主要是靠自己，而不是只有交給醫療人員；醫師當然可以幫助病人，但如果我們不愛護自己，自己不為自己的健康付出努力，醫療畢竟還是有所極限，也不可能永遠都靠遠絡治療。唯有平時努力照顧自己的身體才是王道，而自己的潛力才是無窮的。

如何能增加自己的能量？柯醫師教我們，生流術可以讓我們自己打通生命體流，增加能量，但也是必須天天練，持之以恆二至三年，而不是練了之後，馬上就可以看到效果。健康是不是我們認為最重要的事？如果是，那除了遠絡治療之外，還可加上生流術或彭氏氣功的操練，一定可以讓自己的身體更加健康。（註2）

【註1】彭智明老師經歷

- 彭氏氣功創辦人（二〇一〇年六月迄今，教授氣功及應邀演講）
- Eurasia Group 獨立顧問（二〇一一年五月迄今）

◆ 彭博新聞資深特派員（香港二〇〇八～二〇〇九）
◆ 彭博新聞台灣分社社長（二〇〇四～二〇〇八）
◆ 路透社駐台特派員（一九九三～二〇〇四）
◆ 美聯道瓊社駐台特派員（一九九二～一九九三）
◆ 霆靳門館長兼總教練（一九七六～一九八五）
◆ 國民大會健身班氣功老師（一九七七）
◆ 台灣外籍記者俱樂部會長（二〇〇四～二〇〇六）
◆ 台大法律系畢（一九八〇）

【註2】

◆ 根據柯醫師的教學，要學會生流術至少需二至三年，甚至更久，屬於較困難的學習，而且目前有失傳之虞；但透過練氣打通生命體流的核心概念，的確是值得重視的養生真理，讀者可以藉由其他練習方式取代，如文中介紹的彭氏氣功。

右腰痛2（L45）

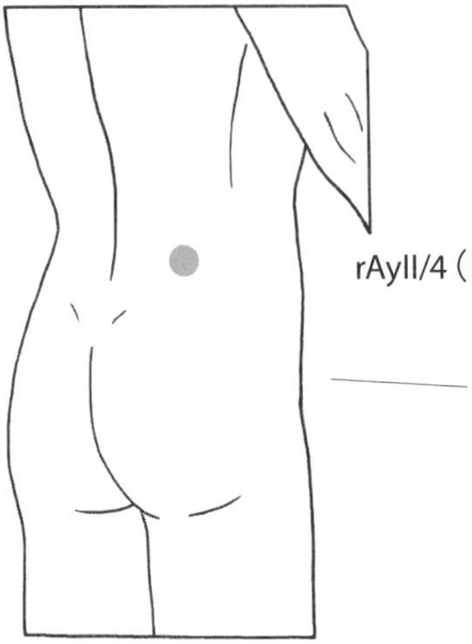
rAyII/4（疼痛點）

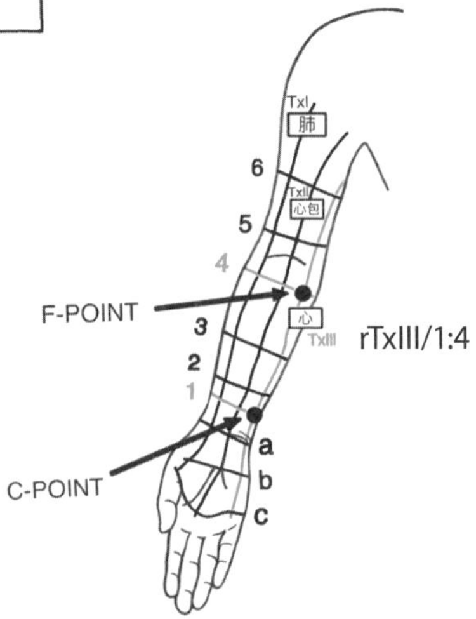
TxI
肺
6
TxII
心包
5
4
F-POINT
心
TxIII
rTxIII/1:4
3
2
1
C-POINT
a
b
c

第七章

遠絡生命醫學概念

唯有能真正的面對自己，理解自己，也理解別人，然後用平衡的方法調整環境，接受它和放下它，疾病才能真正的痊癒。

柯醫師上課時常常說：「桃樹生桃花，桃花長得不好，要調整桃花？還是桃樹？」相信大部分的人應該都會說調整桃樹。而桃樹應該要如何調整呢？從桃樹的生長關係，到桃樹本身的種子和生長環境，比如空氣、水分、土壤、營養等等。所以在調整桃樹時，這些都必須考慮到；相同的，遠絡生命醫學治療的概念就是如此。

桃樹生桃花，桃花長不好，要調整花還是樹？

我常跟病人說，所有的症狀不是局部就是中樞。對照桃樹和桃花，若桃花長得不好是桃花本身的問題，那就是局部問題；若是桃樹的問題就是中樞問題。遠絡治療大部分其實是主要在調整中樞問題，中樞問題消失了，很多的症狀就一起消失了。就像桃樹上的桃花們長壞了，只要將桃樹照顧好，桃花們就長好了。

桃樹生長的環境和桃樹的品種會影響到桃花的狀況；相同的，我們生活周遭的人際互動、生活狀況，包括飲食習慣、生活作息、人際關係及個人習性，也都會影響到我們的健康。若是上述的狀況影響到我們的情緒，造成情緒的扭曲、負面能量，那麼身體就會產生症狀。臨床上我們發現所有的疑難雜症，都跟心靈有相關，其實這不難理解。我們是否曾經有很多事情同時湧來，一時無法處理而造成失眠、頭痛？遇到緊張的事情，就容易頻尿、心悸？我們察覺到了嗎？身體出現症狀，其實是要告訴我們自己：「我怎麼了？」「我的心怎麼了？」

千萬要記得身心靈是一體的。身體出現問題代表的是心靈也出現了問題，身體是心靈的鏡子，要解決身體的問題，也請重視您心靈的問題；唯有將心靈的問題也真正解決了，才能真正解決身體的問題。

所有的症狀都是假的？

在臨床上治療疑難雜症，發現所有的疑難雜症或無法治好的疾病都和心靈有關，背後都有其原因，有些是為了討愛，有些是為了逃避某些事情，有些是心靈受到了創傷，產生了負面能量，無法放下，而表現在肉體上產生症狀。所以柯醫師也常說：「所有的症狀都是假的。」其實這句話很難參透，聽到的人各有各的解讀，有的醫師聽到之後可能會嗤之以鼻，因為身體感覺傷痛是真的啊，怎麼會是假的呢？有些醫師會半信半疑，有些醫師會先將這句話放著，等待未來行醫時慢慢體會。而我在高雄開弘恩難症遠絡診所時，專門處理疑難雜症的病患，逐漸有了一些體會。

一個病人一旦有了疑難雜症，相信他也一定看了很多醫師都治不好，所以才會被歸類於疑難雜症，這樣的病人來到我們的診間，當然都會抱著存疑的態度，這個醫師真的行嗎？遠絡治療真的可以治療我的病嗎？而遠絡醫師能站在四次元的角度分析病人三次元的症狀，常常會說出病人沒講到的症狀，病人都感到很驚訝，常說：「醫師你怎麼都知道？」在遠絡醫師的角度是「本來就這樣」，但病人的角度卻是這個醫師怎麼那麼神，什麼都知道；但也有些病人仍會有存疑說：

所有的症狀都是假的！？

「可是某醫師說我怎樣又怎樣，怎麼跟你說的都不一樣？」

這兩種不同的態度當然會有不同的結果，第一種態度是相信醫師的態度，遠絡治療效果會很好；第二種態度是已經有了既有的想法，甚至是根深柢固，對他人的建議很難接受，或許他只是暫時無法接受之前醫師的建議，而他內心深層也常有其他的想法，這時遠絡的治療效果當然不好。

我曾經治療過兩位類似坐骨神經痛的病人，有一位成功治癒，另一位卻跑去開刀。成功治癒的病人當時是坐著輪椅進診間的，X光顯示有輕度骨質疏鬆及腰椎第四、第五節滑脫。病人當時是在台北世大運當裁判時發作，立即送醫檢查，但檢查完，病人馬上從台北回高雄找我治療，病人不想開刀，也相信我的治療，所以經過一段時間的治療後，症狀消除，再加上平時彭氏氣功的鍛鍊，已經有將近一年沒發作了。

另一位是被神經外科醫師診斷為腰椎椎間盤突出併坐骨神經痛，外科醫師跟病人說一定要開刀，否則不會好。病人到診間時是跛著進來的，而且臉上的表情非常的痛苦，經過跟病人解說她的病理病態和如何用遠絡治療後，病人仍問：「可是外科醫師說不開刀不會好吶，怎麼辦？」我心中那時就想：這個病人「中毒」太深了，根本聽不進去我的解說！果不其然，病人治療大約一個禮拜，就向神經外科醫師報到去了

認知「利我」、「無知的言動」是煩惱之本

柯醫師認為人因為追求「利我」產生「無知的言動」，而造成煩惱產生身體的症狀；而心的本性是無明，一直追求「私心」而產生痛苦——因為這些追求的過程，在我們生活的環境並不是都會一帆風順的，所以一旦不順遂，心就產生負面能量，造成身體的種種症狀。而治療的方法是要讓病人認知「利我」、「無知的言動」為煩惱之本，再認知「私心」、「無明」為痛苦之本，以「利他」的觀念來取代私心和改變；而在環境影響的部分就必須用「平衡」的方式來調整。

柯醫師在福岡開業時，有一位男性病人被診斷是肺癌轉移性肝癌，被醫院宣布只剩三個月的生命，病人有嚴重的腹水及癌性疼痛，而且身體相當虛弱，家屬希望柯醫師能幫病人減輕一些疼痛。柯醫師說他願意竭盡所能幫病人治療，但也要求病人要盡力地去幫助比他痛苦的人（利他），病人答應且照做了，結果病人體力逐漸恢復，疼痛也減輕了，最後病人多活了十個月；而且病人表示這十個月他過得非常幸福，他非常感謝柯醫師這段時間的治療。

在尚志塾課程訓練時，有一位醫師報告一個案例：有一位女性在林口長庚醫院檢查出癌症，醫師判斷她的生命只有三個月，可是她並沒有灰心喪志，毅然地辭掉工作，全心投入某宗教的義工活動，在那段期間她幾乎忘了身上有癌症；幾個月過去了發現身體沒有異樣，又回到長庚醫院檢查，結果醫師說癌症消失了。病人非常高興所以又回到了職場，可是過了一段時間後癌症又復發了。柯醫師解釋，當病人全心投入義工不求回饋是一種「利他」的表現，是燃燒自己，所以她的生命力變強，癌症就消失了；但後來又再次進入職場，又產生了「私心」、

「無明」，所以癌症又復發了。

「了解自己」進而轉化生命，才不會時好時壞

柯醫師說他在門診時，有時病人一踏進診間，他就突然會有一種感應；有時會說一些好像跟病人症狀不相關的事，但是病人都會被震撼到。因為這些事情確實對病人影響很深，病人都會感動到流淚，覺得柯醫師居然這麼地了解自己，於是就全然地相信柯醫師的治療，當然治療效果也都很好。柯醫師說這是醫者的能量，是他完全燃燒自己，一心要為病人付出所獲得的，他說如果我們也能為病人如此付出燃燒自己，也能獲得這種能力。另一方面，病人的那些事件所造成的心靈創傷，也正是和病人的症狀有相關。

可是我並沒有柯醫師那種感知能力，然後我發現日本已故的水博士——江本勝博士，生前致力於藉由研究水的結晶變化，驗證想法模式會決定情緒起伏、好

壞的心理狀態，情緒會影響細胞的活動力與變化，影響健康。且沒有水就沒有生命，細胞質的百分之九十幾是水分，人的想法會影響這種細胞液，然後又影響其他細胞的重大生命功能。江本勝博士透過實驗證明想法改變了水的結晶，印證了只要有煩惱、恐懼、焦慮，人的波動就呈現緩慢的（低頻率）；當人類的波動到高頻率（利他、無我），很多潛在能力會被開發出來。

這樣的研究跟柯醫師的說法不謀而合。但是江本勝博士也認為這樣的想法不是所有人都接納，醫界沒有很認同，所以他藉由「水的結晶」的研究發現來說服他們這個真相。而MRA（波動測定器）就是根據波動原理來檢測人體的頻率狀態，江本勝博士的團隊運用這樣的檢測儀器檢測人體波動變化；他說，檢測波動就像在人的生命中敲門並獲得資訊，開啟第三隻眼睛看見生命潛在的訊息，在我診所就有一台這樣的儀器。

藉由這台儀器檢測波動頻率狀態，再經由波動輔導分析與病人對談，可找出疾病與心靈的相關性。利用這台儀器檢測並加以治療，發現疾病的產生正如柯醫師所說，人是因為「私心」，追求「利我」造成煩惱而產生身體的症狀；但病人通常無法意識到這一點，所以治療疑難雜症時也必須讓病人「認清自己」，「了解自己」，進而轉化自己的心境，如此疾病才可能痊癒，否則我們常見到的狀況是時好時壞，還會再復發。

案例一 因為擔心、恐懼，身體就開始產生「痛」的症狀

六十三歲張女士因為坐骨神經痛來接受遠絡治療，病人在接受十二次的遠絡治療後，基本上症狀已經好了八成以上；但是有一天病人的症狀突然又更嚴重，幾乎回到未治療之前的情形，詢問病人的作息及工作狀況，病人並沒有特別改變。於是我們做波動儀器檢測和波動分析輔導了解，發現原來病人半個月後必須到美國幫女兒坐月子；一想到十一月美國北方那天寒地凍的地方，她必須自己去超市買坐月子的東西，得一個人提重物，擔心自己的體力無法負荷，更擔心腳會

痛得讓她沒辦法做事，愈想愈焦慮愈恐懼。現實的狀況是她不得不去，內在潛意識的她卻非常地不願意去，她的身體就開始產生了「痛」的症狀；因為痛就可以「合理的」不用動！

當她看到自己心靈深處呈現的恐懼與真實想法後，她明白地笑了；後來病人在美國的女兒事先幫她安排了好朋友負責接送購物和提重物，解除了她的擔憂、讓她安心，然後她就順利地去美國幫女兒坐月子。後來打電話追蹤詢問張女士的狀況時，她說沒有痛了！我想到柯醫師所說的：「所有的症狀都是假的。」

案例二 原來是渴望愛，希望有人陪伴

七十三歲老先生是一位退休的建築師，在退休之後約六個月，身體產生手抖、動作遲緩的現象，被醫院神經內科診斷為巴金森氏症，服用藥物兩年多，並沒有特別的改善，經人介紹到我們診所接受遠絡治療；經檢查病人四肢肌肉張力

並沒有僵硬（rigidity）的現象，所以以遠絡的角度看，病人是巴金森氏症候群。這類病人服藥效果並不好，但遠絡效果好，於是病人開始遠絡治療；經過兩個月，病人有明顯改善，可是突然有一天症狀又開始出現……。

透過儀器檢測和了解病人最近的生活狀態，儀器檢測他的能量頻率狀態發現，病人的內心非常渴望愛。他的個性較內向不善交際，所以不喜歡跟社交活躍的太太出門，退休後常常是一個人在家；因為大部分的時間沒有人陪他、跟他說話，所以他就讓自己埋首於家中院子園藝的栽植整理。

突然又開始出現症狀的那一天，原來是返台探親的女兒孫子一家即將回美國，病人內心離別孤單的感受升起，心靈情緒受影響，肉體症狀就產生了。後來也檢測他太太的頻率狀態對照，發現在病人必須治療的時候，太太為了陪同他來就必須從百忙中抽出時間，這是病人可以獲得「陪伴」的時光，病人內在潛意識知道如果完全痊癒了，這樣的陪伴就沒有了。太太其實也發現了這個現象，可是她說不可能為了先生改變自己的生活模式，不可能放棄她喜愛的社團活動，所以

我的心怎麼了？

即使知道了也睜一隻眼閉一隻眼。所以，如果能夠溫暖智慧地溝通協調家人的相處模式（調整環境的平衡方法），病人內心渴求的愛與陪伴的需求得到滿足後，症狀應該就可以不再復發了。

案例三 潛意識裡「生病」是為了贏，和讓人妥協？

七十四歲女士在七十歲時因為跌倒造成右股骨骨折，經過手術固定後即臥床休息；當骨折癒合後，病人仍覺得兩腳無力需要人扶才能行動，可是到醫院檢查並無異狀。病人來就診前開始覺得講話沒聲音，吞嚥不順利，兩手無力，無法自己刷牙需要人幫忙。病人是經由朋友介紹到我們診所治療，來門診時的第一句話讓我印象深刻，她說：「醫生，我聽說你很厲害，我是來考倒你的。」我聽了之後說：「婆婆，不用考啦，妳贏了啦，妳的病我沒法治啦！」因為病人不管是有意還是無意說出這句話，她內心潛意識一定是會創造出更多的症狀來給醫師處理，其背後不一定是要考倒醫師，而是有其他的目的。聽到我的回答，病人和家屬趕緊說：「不是啦，是因為到其他醫院都檢查不出原因，醫生說是疑難雜症，又聽說你這裡都專門處理疑難雜症，所以來治療看看，不是有意要考你的啦！」

站在遠絡醫學的四次元角度看病人的問題，病人是頸椎發炎往上已經到了延腦、橋腦的部位，並且有脊髓液蓄積的症狀。遠絡治療當然可以幫助病人，於是開始安排她接受遠絡治療；但從病史及病人和家屬互動的情形，我知道病人症狀會改善，但她肯定不滿意。果不其然治療一段時間後，病人說話聲音恢復，吞嚥也不會嗆到了，兩肩膀上舉也進步了，兩手握著我的手也有力了，可是仍說早上起床時無力可刷牙，說她的手不聽她的大腦指揮，大腦叫它握，手就是不握。

可以有力量握住我的手，卻沒有力氣拿牙刷!?到底是怎麼回事呢？於是我們用儀器檢測這位女士，根據她的能量頻率狀態分析，再和病人及主要照顧者兒子訪談了解病人的生活情況，發現她跟丈夫關係很不好，病人的兒子說從他國中開始父母就常吵架，每次吵架後媽媽就生病，一生病爸爸就道歉認輸認錯求和，一直都是這樣的模式。兒子說如果他的爸爸換另一個妻子，她的媽媽換另一個丈夫，今天就不會這樣了。病人內在潛意識裡「生病」讓她贏了，「生病」是她讓人妥協的方法。

我想人生贏了未必就是勝利，其實輸了也可以的！

後來，因為主要照顧的那位兒子感冒一直好不了，我們也檢測了他的頻率能量狀態。從檢測的結果分析以及跟兒子的對談，又發現到這位兒子從小就渴望得到父母的肯定，希望父母看見他的價值；所以媽媽跟爸爸的關係不好，兒子成了媽媽的依賴，也就是他「填補」了媽媽內心對父親的需求。他對媽媽幾乎是無微不至的照顧，甚至一直覺得別人照顧得不夠細心，攙扶媽媽也不夠細心，沒辦法放心地把媽媽交給別人照顧；變成了媽媽缺他不可，媽媽對他的依賴需求是他被肯定證明自己價值的方式。經常在上班的時候媽媽說不舒服，他就趕忙請假回家照顧，長期下來他疲累不堪、免疫力差，感冒就一直好不了。

這樣的情形，我們看到母親與兒子之間形成了一種「需求↑↓供給」的心靈模式，如果當中沒有一方轉變自己，就會這樣輪迴下去，病也就很難好了。

案例四 ▼ 解開與家人的心結怨恨，治療就好轉了

四十九歲張女士在二〇一三年肩頸酸痛到醫院檢查，發現頸椎第五、六節之間的椎間盤突出，外科醫師建議開刀；病人於該年三月接受開刀，但在四月即發生兩手掌發麻及疼痛的現象，之後淺眠、焦慮、恐慌、視力模糊、睡覺時會不自主運動。病人回醫院複診，外科醫師認為手術很成功，但是她仍被這些症狀不斷困擾著，之後又看了中醫，做過針灸、小針刀等治療，感覺仍沒有改善，後來經由中醫師轉至我們診所接受遠絡治療。

病人接受遠絡治療之後症狀逐漸改善，臉上開始有了笑容，但有時症狀仍會反覆。於是，我們用儀器檢測病人的能量頻率狀態再分析輔導，發現病人跟婆婆、小嬸的相處一直不是很好，訪談輔導過程中她發現自己在跟婆婆衝突的時

候，感覺手有一股怨氣所以手會開始刺痛，變麻，就跟發病的時候一樣的感覺，然後胸臆中充滿的怨氣讓自己很不舒服；她看見自己因為跟婆婆、小嬸之間的心結怨恨，在她的身體產生了很大的影響。

明白領悟之後，她開始學習轉變自己的想法，看見別人的好，找回了自信，也更懂得如何跟家人表達自己的感受與想法，跟婆婆和家人的關係都變好了，治療的狀況就更好了。

真正的面對自己，才能真正的痊癒

我們一旦生病了，是否能靜下心來覺察自己？想想我們的心怎麼了？身體的症狀就是在告訴我們，我們的「心」不滿足；有時覺察到自己的「心」怎麼了，如果能放下它，或是能用平衡的方法調整環境的狀況，有時候病也就好了。在這幾年治療疑難雜症病人的經驗中發現，有時幫病人看到他內心真正的狀況，病人反而退縮了，因為他無法面對自己內心潛意識真正的想法，不能接受真正的自己。唯有能真正的面對自己，理解自己，也理解別人，然後用平衡方法調整環境，接受它和放下它，疾病才能真正的痊癒。

右膝關節痛（內側中央）

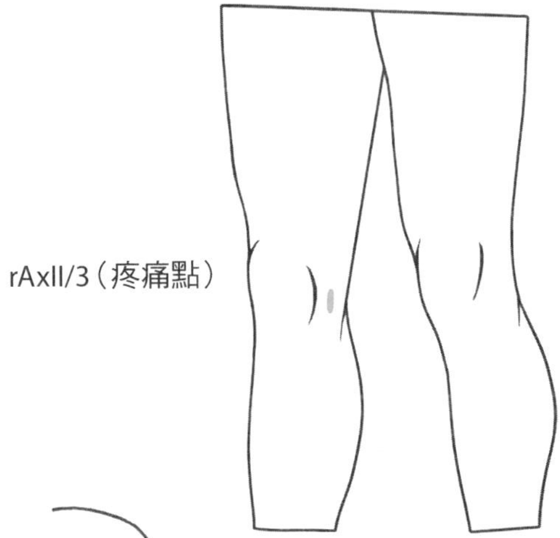

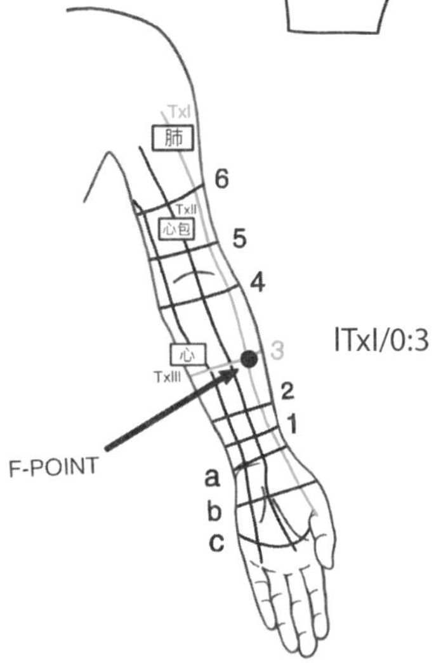

第八章

腦中風的治療經驗

建議接受遠絡治療時，要在發病後的前三個月每天治療；每天接受治療的患者，比二至三天才治療一次的人，有更快、更好的恢復。

腦中風是非常常見的疾病，每六個人中就有一人可能會罹患腦中風；世界上每六秒就有一個人因為腦中風死亡。每年全世界約有一千五百萬人罹患中風，其中大約有六百萬人將因此死亡，而且有許多人將因此而終生殘廢。在台灣，腦中風長年位居台灣十大死亡原因的第二名，身為復健科醫師，每年的腦中風病人是我在醫院服務時最常處理的病患；因此深知，常常家中一個人罹患腦中風，不是只有一個人倒下，通常都會賠上家人的時間、健康和金錢。所以得到腦中風不是病人一個人的事，而是會影響到全家人。

中風急性期（三個月內）病人，療效很好

身為醫師，一旦病人腦中風影響生命的危險期過後，想幫忙受損的腦神經組織恢復其功能，其實是非常有限的，通常都必須要靠病人自己的恢復能力，而不是藥物。藥物只是在控制其他問題，如高血壓、糖尿病、高血脂或心律不整等問

題，目前沒有藥物能促進腦神經功能的恢復；而身為復健科醫師的我在學了遠絡醫學之後，運用遠絡治療中風急性期（三個月內）的病人，得到很好的療效。若能遠絡治療搭配復健，病人的恢復是超過只做復健的病人。

遠絡醫學對腦中風的病理病態分析其實很簡單，只分為腦細胞被破壞、腦細胞被壓迫、腦神經纖維被壓迫、腦神經纖維被破壞四種；而其中只有腦細胞被破壞，遠絡醫學認為無法恢復，其他三種病理病態柯醫師認為都可以恢復。

腦神經細胞被破壞和被壓迫的症狀相同，都是對溫痛觸壓覺低下和手腳無力。腦神經纖維被壓迫與肌張力增強及疼痛有關，而腦神經纖維組織被破壞會造成不可觸摸的疼痛，當碰觸病人的患肢時，病人會有不舒服的感覺，嚴重時甚至會造成RSD（reflex sympathetic dystrophy）反射性交感神經失養症。一旦發生了RSD，因為肢體會有不可觸摸的疼痛，病人在復健上就會遇上極大的挑戰，而藥物治療或神經阻斷術通常對RSD也起不了什麼作用。

中風伴隨上肢RSD和痙攣的步態

而我學了遠絡醫學之後，已經成功治癒了兩位腦中風伴隨上肢RSD的病人。第一位病人在中風後大約一個多月發生，病人在復健過程中發現中風患側手指腫脹；幫病人做上肢關節運動時，病人感到從肩膀到手掌的疼痛，所以很不喜歡做復健治療。當我發現病人的情況時跟病人及病人家屬溝通，開始介入遠絡治療，治療了大約一個月，果然病人很快就恢復了。

第二位病人是在高雄某醫學中心診斷出來的，病人中風後一直在高雄某醫學中心做復健，發病兩個多月後，患側上肢開始出現末梢腫脹，溫度變化及痛覺敏感的現象。患側上肢根本無法復健，他的主治醫師告訴他罹患了RSD，也使用了藥物治療，但是病人感覺沒有效果，疼痛日益加重，原本手掌已稍微恢復可輕微握拳，但產生RSD後手掌又退回完全無法動作。於是他的家屬上網搜尋其他治療方式，終於找到遠絡治療；病人來門診時，手掌腫脹已經消退，呈現細長狀，皮膚有萎縮現象，觸摸其手的皮膚溫度是冰冷的。跟病人及家屬解釋了遠絡的病理病態後開始安排遠絡治療，大約治療了兩個月，ＲＳＤ即痊癒了，手部動作也恢復到未發生ＲＳＤ前的狀態。

另外，腦中風病人因肌肉張力增強，常導致病人走路時會有痙攣的步態，經過遠絡治療後通常病人的肌肉張力也會降低，走路的形態也會進步。腦細胞被破壞（不可恢復）和腦細胞被壓迫（可恢復）的病狀相同，都是感覺低下和手腳無力，臨床上我們無法區分是何種病理病態造成，而現今的儀器檢查也無法分辨，所以我們只能以治療見真章。

以下分享幾個腦中風病人接受遠絡治療的案例：

案例一 ▼身體沒有感覺，第一次治療就有大驚喜

第一個案例是五十三歲的男性病人，他在二〇〇八年九月三日的時候，突然

發生右側肢體無力，並且喪失意識。病人被送到醫院，經過電腦斷層檢查，確定是出血性腦中風，所以接受腦部開刀引流血塊。

病人第一次做遠絡治療是在十月七日，已經中風一個多月、病情穩定之後，也已經開始做復健治療大約一個月。他女兒本身是一位物理治療師，所以病人每天都有接受復健治療。在十月七日時，病人的狀況是右側肢體完全無力，右手及右腳都無法上舉，且患肢無觸痛感；意思是當我們摸或捏病人右側肢體時，病人是沒有感覺的。

這種感覺喪失的症狀，在復健科其實是蠻難復健的；但是第一次遠絡治療到一半的時候病人竟然有感覺了，因為我在壓絡穴時，病人竟然會喊痛，治療快結束時他說，你怎麼壓得那麼痛？這時候我有非常大的驚喜，因為復健了一個月，病人的感覺沒恢復，可是遠絡第一次治療後就進步很多，讓我非常高興；而這個病人在十七天內總共接受了七次遠絡治療。第一次治療後右手和右腳的肌力就增加了，第三次治療後已經可以開始練走了，做完第七次病人的肌力和身體的穩定度都更加的進步，這是我們第一個用遠絡治療腦中風病人的案例。其實當時並不知道這樣的病人治療頻率是多少，所以十七天只做了七次治療，但是也讓我們了解到，遠絡治療可以幫助腦中風病人的神經更快恢復，使復健的效果更好。

從第一位案例我們觀察到病人的患側肢體無力之外，還有感覺喪失的狀況；但是遠絡治療到一半時，病人患側肢體已感覺有恢復的現象，由完全沒有痛覺到能感覺疼痛，而患側肢體無力的現象，第一次遠絡治療完即有進步。若按照遠絡醫學的理論，即是遠絡治療將腦神經細胞受壓迫的狀況已有部分清除，這讓我們非常訝異遠絡治療的效果，病人治療七次即看到明顯的進步。

案例二 打麻將中風，天天治療，日日進步

第二位案例，四十五歲黃先生於二〇〇九年二月二十五日發生栓塞型腦中風併右側肢體無力，病人發生中風前連續打了兩天兩夜的麻將，突然發生意識障礙

遠絡第一時間處理腦水腫問題，效果極佳

倒在地上，牌友趕緊將他送醫，而診斷出栓塞型腦中風。病人因為單身未婚，發病前和哥哥同住，哥哥也未婚，因為要工作所以無法照顧他，只能將他送往安養中心。

病人之所以來接受遠絡治療是因為友人去探望他，覺得病人還年輕，不忍心他年紀輕輕就被丟在安養中心，長期臥床，於是介紹他前來治療。病人於二〇〇九年四月十一日第一次遠絡治療前右側肢體明顯無力，且有全失語症的現象，溝通需要用肢體語言比手畫腳。密集治療七次後，病人患側上下肢力量明顯進步，也逐漸聽得懂指令了，之後卻突然沒來治療了。

後來從他朋友口中得知病人因為住在安養中心，平常也無法外出復健，連續一週的遠絡治療讓業者也注意到他的進步，業者詢問了家屬外出做了甚麼治療？病人家屬說到外面做遠絡治療，是一種電療的方式。安養業者居然跟病人家屬說電療不能亂做，天天做會有副作用，嚇得家屬不敢再帶病人出來治療。我的老天撾啊，中風病人天天電療會有副作用？那不就所有的復健科都要關門了？我們只能心想佛度有緣人啊！這位是我們治療中風病人中第一位天天接受遠絡治療的病人，雖然只治療了七次，但幾乎是天天看得到進步，讓我們對中風的治療有更進一步的了解。

案例三▼出血性中風，每天報到且持續一個月

這個案例是四十八歲的女士，在二〇〇九年八月六日發生出血性腦中風併右側肢體無力，被送到台南某醫學中心。在八月八日接受腦部開刀，手術後即住進加護病房，並在九月一日由加護病房轉到普通病房。由於病人家屬是朋友，所以當天就特別委託我到醫院去看他媽媽。病人當時仍整天昏睡，右側肢體也完全無力。因為當時對中風的病人需要多久治療一次仍沒有很多經驗，所以就安排從九月二日開始「每天」接受遠絡治療。病人治療的結果讓我們非常滿意，在九月八日時右腳可以動了，九月二十六日時可以自己從坐著站起來，獨立行走不需別人

攙扶。

而病人在治療的這段期間一直住在神經外科病房，醫院的復健治療只是簡單的被動關節運動，神經外科主任稱讚病人是第一名，因為他的復原狀況是整個神經外科病房最快的；但是主任並不知道病人有接受遠絡治療，只認為他開刀的技術很好，病人復原得很快。這是我們第一個中風發生三個月內開始天天接受遠絡治療的病人，治療時間將近一個月；我們觀察到病人復原的速度相當的快，使我們真的非常興奮，認為遠絡治療是中風病人的救星。

案例四 ▼ 愈早接受治療，預後效果愈佳

六十五歲男性病人於二〇一六年九月二十七日發生栓塞型腦中風。病人的妻舅是一位中醫師，有學過遠絡療法，可能聽過我分享用遠絡醫學治療中風病人的經驗；所以病人一發生中風即要求他一定要找到我來接受遠絡治療。病人在十月二日早上出院，下午就找到了我們診所；第一次的遠絡治療距離發病僅僅一週。

因為我們已經治療過多位急性中風的病人，發現中風三個月內，且能天天接受遠絡治療的病人，大約持續一個月的效果最佳；於是跟病人及家屬溝通，要求病人天天來治療。

病人第一天來門診時右側肢體明顯無力，十月五日第三次治療後，右側肢體的力量就有明顯的進步；十月六日第四次治療後，居然可以走路了。病人及家屬都非常高興能遇到遠絡醫學，讓病人恢復健康；而我也更確信發病之後愈早接受遠絡治療，其預後效果愈佳。

案例五 ▼物理治療師女兒也肯定父親的療效

八十四歲鄒伯伯，他是我之前在醫院同事的父親，同事本身也是一位物理治療師。病人於二〇〇九年七月二十七日日發生栓塞型腦中風，左側肢體無力。同事知道我在推廣遠絡醫學，所以帶她父親來治療看看。病人於八月十二日開始接受遠絡調整，一個月後手腳精細動作明顯進步。同事是專業的物理治療師，也在學校授課，她也認為在這段期間的遠絡治療幫助病人很大，有加速病人神經復原的狀況。

案例六　腦部挫傷併左側肢體無力

五十五歲的許先生在二〇一三年十月二十七日，從大約二層樓的高度摔下來腦部著地，開腦手術三次後左側肢體無力。病人接受遠絡前已經做了復健治療三個多月；後來於二〇一四年三月二十八日接受第一次遠絡治療，治療前軀幹平衡不好，坐輪椅時仍需綁固定帶，左側肢體肌力約二至三分。

病人在第一次治療後，左上肢肌力明顯增加，手臂舉高程度明顯地比治療前高。第二次治療後，左下肢肌力明顯增加，動作速度明顯增快，抬得更高。

第三次治療後，左上肢和下肢的肌力明顯增加，軀幹的平衡也明顯進步，可坐於床沿。第七次治療後，病人已經可以用助行器行走，但是需要家人從旁稍微協助，在遠絡治療期間，病人並沒有接受任何復健治療。

案例七 ▼ 腦膜瘤術後併右下肢體無力

這位是腦膜瘤術後九天的病人。那是在西元二〇一一年時，我曾經到大陸山東濟寧區醫學中心從事康復科（復健科）的臨床教學，在那期間，該醫院大肆宣傳有台灣康復專家駐院門診教學，所以吸引了一些民眾到門診看病。其中有一位女性病人因為被診斷是腦膜瘤，所以到北京協和醫院開刀，開完刀後，外科醫師囑咐她回濟寧做高壓氧治療，那天到醫院門口時看到了宣傳布條，於是就掛了我的門診。

門診檢查時病人頭上還綁著繃帶，神智清楚，兩上肢正常，但是右下肢無力上舉，膝蓋也無力伸直。我問了問大陸的復健科醫師及治療人員，有沒有辦法一次的治療就能幫病人無力的肢體改善？他們都搖搖頭說很難，幾乎不可能。我說那我試試看，於是就用遠絡療法幫病人治療。治療完後，請病人將右腳抬抬看，神奇的事情發生了，病人的右膝可以伸直了，大腿上舉的距離也增加了。病人和病人的家屬很高興，直說台灣來的康復醫師真的很厲害，而大陸的醫師和治療師有的人看得目瞪口呆，有的人嘖嘖稱奇，我想這也是一種為國爭光吧！

為何必須在發病三個月內，每天治療？

之後陸續幾位腦中風病人的治療經驗，讓我們清楚了解到該如何用遠絡治療來幫助腦中風病人。如上文提到的，急性腦中風發生時，對其病理病態的變化，遠絡觀點分為四種狀況，其中，只有腦細胞破壞無法恢復，其餘三種用遠絡治療效果都不錯。眾所周知腦中風的積極黃金治療時期是三至六個月，但是現在一般的治療，針對其中的腦細胞被壓迫情況，都無法很快地將其消除，所以神經的恢復幾乎都是病人自行恢復的，而不是治療的效果。

而我們可以確定：遠絡治療可以很快將腦細胞被壓迫的部分消除，是因為我們有腦膜瘤術後病人的治療經驗。而腦膜瘤是從頭骨與腦之間的腦膜長出來的。雖然腦膜瘤被歸類於腦瘤的一種，它實際上不長在腦組織裡面，而是長在腦的表面，所以基本上他的病理病態是腦神經被壓迫的狀態而非腦神經被破壞。因此腦膜瘤術後的病人肢體無力，主要就是因為腦細胞被壓迫所造成，而不是腦細胞被破壞所造成，所以遠絡治療完，病人肌力馬上明顯增加。

可惜的是，目前並無法用機器測量腦中風病人腦細胞被破壞，或被壓迫的比例有多少；而腦細胞被壓迫久了，是不是會造成永久性的破壞？因為兩者的症狀都是感覺障礙和肢體無力，無法從症狀去區分，所以我們建議遠絡治療應該在發病後的前三個月要每天治療。從我們的臨床治療經驗也真的證實，每天接受治療的患者，比二至三天才治療一次的人，有更快、更好的恢復。

當然，腦中風病人還是需要接受復健治療，才會有更好的功能恢復；至於遠絡治療要到何時呢？建議密集治療三個月（搶救黃金恢復期），以期讓神經恢復至最大值，三個月後屬於穩定期，剩下的肢體無力若無法進步，即歸於腦細胞遭受到破壞的部分，是不可逆的，即無法恢復。

目前因為健保醫療體系有急性後期照護模式（Post-acute Care 簡稱 PAC），所以腦中風病人初發生時大部分都到大醫院治療，治療一段時間之後進入PAC計畫轉到中小型醫院，等到病人真正回歸到診所復健時，通常已經過了三至六個月，意思是已經過了腦中風的急性期，這時也過了遠絡治療的最佳時機，其實是很可惜的。

因為確實了解到遠絡治療對於腦中風急期性病人有莫大的幫助，所以衷心的期盼，所有的腦中風病人都能在發生時就遇到遠絡醫生，也希望未來腦中風急性照護中心都能將遠絡治療納入常規治療，那將會改變病人的一生。

遠絡醫學對腦中風的概念整理

壹、腦中風的傷害（大腦的病兆）

一、腦細胞
- 破壞（不會好）
- 壓迫（會好）

二、腦神經纖維
- 破壞（會好）
- 壓迫（會好）

三、但是現在的醫學儀器無法測量腦細胞遭受破壞的比例有多少。

貳、腦細胞被破壞和被壓迫的症狀相同：
- ①感覺遲鈍、較差
- ②手腳無力

但目前的醫學無法檢測出被破壞不能恢復，和被壓迫的可恢復比例有多少。

參、腦神經纖維被壓迫的症狀（會好）——肌張力增強

肆、腦神經纖維被破壞的症狀（會好）——疼痛

伍、急性腦中風發生時，（出血或栓塞）會造成血液循環不好，使得出血或栓塞的位置產生水腫和營養供給不良，使腦細胞和腦神經纖維都受到影響（壓迫或破壞）；而水腫會造成腦細胞或腦神經纖維壓迫，營養供給不良會造成腦細胞或腦神經纖維破壞。而只有腦細胞遭到破壞無法恢復。其餘皆可恢復。

陸、一般腦中風的治療，建議黃金治療時期為三至六個月，我們臨床治療發現，若中風初期，積極以遠絡治療，病人的恢復比沒接受遠絡治療的病人，有較佳的恢復。

柒、治療頻率

以目前治療的經驗，中風以後每日一次的遠絡治療，比二至三天才接受一次治療的病人，神經恢復得更快、更佳。

捌、治療到何時

急性腦中風黃金治療時期為三至六個月，所以遠絡治療意要搶救黃金治療時期，一般建議連續密集治療三個月，以期讓神經恢復至最大值，治療三個月之後已經屬於穩定期，剩下的肢體無力若無法再進步，即屬於腦細胞遭到破壞的部分，是不可逆的無法恢復。

右膝關節痛（內前方）

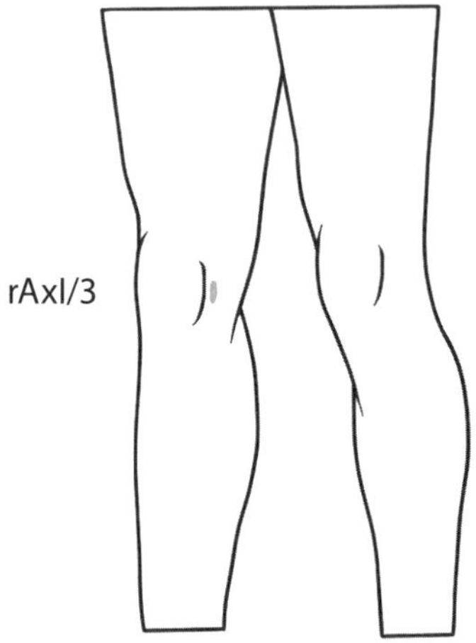

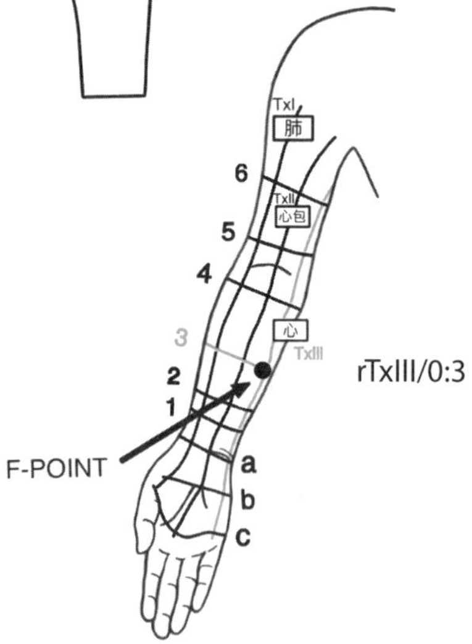

第九章

帶狀皰疹後神經痛的治療經驗

雖然遠絡治療可以幫助病人減輕痛苦，但畢竟治療費時又長久，長久治療對經濟也是一種負擔；所以衷心期盼及呼籲萬一罹患帶狀皰疹，應盡早尋求遠絡治療，相信病人一定會很快尋回健康的。

「帶狀皰疹」俗稱「皮蛇」。雖然此病大部分不會致命，但是其後遺症卻可能讓人痛苦不堪。引起帶狀皰疹的是一種病毒，這種病毒與引起我們長水痘的病毒是一樣的。至於為何病毒會在神經組織中做怪呢？一般認為如果我們小時候曾經罹患過水痘，這些病毒便會躲進我們的神經節中伺機而動，當我們免疫力變差時，這些病毒便被「激活」起來了。這種病毒會造成我們感覺神經節及感覺神經的發炎，甚至會延伸到鄰近的脊髓，進而引起神經組織受損。

讓急性期症狀減輕、加速癒合並降低後遺症

雖然任何年紀的人都可能得到帶狀皰疹，但是此病症好發於年紀大及免疫力較差的人，罹患惡性腫瘤的病人也較易發生；而近幾年發現得到帶狀皰疹的比例有增多的趨勢，且很多中壯年的人也會發生。當病人發病時，在身上一節或數節感覺神經分布的區域會產生疼痛、麻木的現象，那種疼痛感是令人極不舒服的，

甚至有些疼痛是像電流流竄一樣。在數天至三星期內，相對的表皮便會長出紅斑，繼而長出水泡。由於我們感覺神經在體表分布約成一帶狀排列，所以這些水泡的分布也就會成一帶狀；最常出現的位置是胸部、背部，其次就是臉上三叉神經分布的區域，而頸神經及腰神經分布的位置則較少。

這些水泡的液體會由清轉濁，進而結痂、癒合；通常在五至十天內這些水泡會結痂，但是皮膚常有結疤及色素沈積的現象，留下棕色的斑痕。雖然大部分的病人都復原得不錯，但是約有百分之十至二十的病人，疼痛在水泡癒合後仍持續不去，甚至長達數月或數年、數十年，這種痛就叫做「帶狀皰疹後神經痛」（PHN）。

治療帶狀皰疹的目標是希望在急性期能減輕症狀，加速癒合；此外當然就是減低後遺症的發生，尤其是惱人的「帶狀皰疹後神經痛」。目前最常使用的抗病毒藥物叫 acyclovir，此藥對於減輕急性期的症狀及加速癒合較被肯定，至於是否能減低「帶狀皰疹後神經痛」發生的頻率，則仍有爭議。

帶狀皰疹後神經痛，是可以痊癒的

帶狀皰疹後神經痛在遠絡醫學的病理病態是神經纖維受到壓迫和破壞，當神經纖維受到壓迫時會有疼痛及酸痛感，當壓迫的神經纖維在深層時（陰經範圍），會有像電流流竄那種穿刺痛，令人極不舒服。若神經纖維受到破壞則表現出不可觸摸的疼痛，意思是即使用羽毛輕輕的接觸到皮膚或是風吹到皮膚，就會產生劇烈疼痛；這種痛法真的會讓人有痛不欲生的感覺，一旦產生帶狀皰疹後神經痛，使用藥物治療通常幫助有限，這樣的病人真的很可憐。

幸好在遠絡醫學的理論，柯醫師認為這些變化是可以痊癒的；而在這幾年中，我治療了十多位帶狀皰疹初期及帶狀皰疹後神經痛的病人，真的應證了遠絡的理論。當然發病時間愈短的病人，效果愈快，若發病長達多年的帶狀皰疹後神經痛病人，治療可以降低疼痛，治療時間相對較久，柯醫師認為治療需長達十八個月，神經纖維被破壞的部分才可修復。

當時和黃醫師一起開復健科診所，就診斷出好多位帶狀皰疹的病人。假若病人是腰痛來就診，而疼痛的位置會往側邊橫向蔓延，但不會是兩側，有時是酸痛，有時是很難形容的不舒服感，這時我就會懷疑是帶狀皰疹，雖然當時還沒有水泡產生。

在持續治療期間水泡雖仍然會產生，但是疼痛感會逐漸降低，水泡結痂的速度也會加快，基本上早期治療的病人都沒有發生帶狀皰疹後神經痛。而一旦產生帶狀皰疹後神經痛的病人，其遠絡治療效果我覺得和病人發作時間的長短有關；若只是發作幾個月的病人，其治療效果都很好，而發作多年的病人其治療的療程會較久，疼痛的改善好像也會較慢。

容易得到帶狀皰疹的族群

案例一

長達二十五年的痛，苦不堪言

七十幾歲的老先生是我學遠絡之後，第一個帶狀皰疹後神經痛的病人。記得當時也是剛學會如何治療這種疾病之後沒多久，病人就出現了。

他是我去安定鄉衛生所支援時所遇到的病人，當時是夏天，炎炎夏日，病人穿著一件汗衫來到了診間。病人主訴他左後背長皮蛇，水泡好了之後沒多久，長皮蛇的地方就開始一陣一陣抽痛，有時像電流那般的抽痛，有時疼痛像是有東西在背部的深層鑽來鑽去，皮膚表面沒有傷口，但是只要輕碰到皮膚，也會引起劇烈疼痛。疼痛的時間已經二十五年了，這二十五年來他看過了大小醫院和診所，可是疼痛仍然沒有改善，他幾乎已經放棄治療了。我問他，那他怎麼會來衛生所門診？他說衛生所的護士打電話給他，要他來試試最新的治療。病人本來也沒有要來，可是護士打了好幾次，所以他不好意思，就來試試看了。

經檢查後，確定病人的疼痛是在左側 T12 ~ L45 level，於是就開始治療。治療完後，病人居然流淚了。當時我也嚇了一跳，問他怎麼了？他說我是他遇到的第二十五個醫師，而只有我能在第一次治療時，將他的疼痛減輕，而且沒打針也沒吃藥。病人說在剛剛治療前，診間的電風扇吹得他很痛，但是在治療的時候，他發現到漸漸的電風扇吹的地方愈來愈不痛了，治療完，疼痛已經減輕八九成了，所以高興地哭了。我聽了以後，也激動得不知道該說甚麼，自己的眼眶也紅了。因為我從來沒想到身為復健科醫師，居然能幫到這樣的病人；所以我真的抱著感恩的心，感恩上天，感恩柯醫師讓我學到遠絡醫學。

案例二 初發的帶狀皰疹，治療四次痊癒了

楊先生四十四歲來診間看診時主訴右側肚子抽痛，已經有三至四天了。剛開始不以為意，只是擦擦藥膏或貼藥布，但是後來疼痛加劇，趕緊去內科照超音

波，內科醫師說正常；但是病人肚子仍然不時地抽痛，而且有變得更加厲害的傾向。他想起一位醫師朋友曾經跟他介紹過遠絡醫學，所以找到我們診所來治療。問診時發現，病人肚子的抽痛方向是橫向，腰之前就會酸，而且有水泡出現；於是我跟病人說是帶狀皰疹發作，病人非常訝異，因為他定期到抗衰老診所保養。我請病人要服用抗病毒藥物，遠絡治療也一起處理，因為可以幫他調整免疫力，也可以幫助神經修復，降低發生帶狀皰疹後神經痛的後遺症。結果病人治療四次後就完全好了。

案例三 有機會治療一次就搞定嗎？

八十六歲的老先生第一次門診是由家人陪同來的，病人罹患帶狀皰疹後神經痛已經兩年了，發生的部位在肛門及會陰部。他一直都在高雄某醫學中心治療，但是疼痛仍然沒有改善。家屬每天看到病人愁眉苦臉，覺得很不忍心，所以在上班途中看到診所的招牌之後，就帶病人來看診。門診時問病人和家屬有沒有聽過遠絡治療？都說沒有，但是真的沒辦法了，所以來試試看。

門診時我請病人自己用手去碰觸患部，問病人疼痛有無加劇，他說用手去摸的時候，疼痛更加明顯；這是遠絡所稱的不可觸摸的疼痛，是神經纖維被破壞的症狀。在治療經驗上，如果病人有神經纖維破壞的症狀，通常療程會比較久，因為神經纖維的修護需要時間；但是病人治療後，疼痛是可以馬上緩解的。果不其然在治療之後，請病人用自己的手去摸患處，病人「捏了好久」……不過他仍然說……還是會痛。嗯！這件事證明了一件事，所有的病人不管他的疾病發生了多久，症狀有多嚴重，總是希望一次治療就能搞定！

案例四 癌末的痛加上帶狀皰疹後神經痛，令人不捨

二十幾歲的女生因為罹患大腸癌，做過手術治療和多次化療，病程已經到了

癌症末期。不幸的是在最近一次化學治療時，帶狀皰疹發作了。因為病人的狀況不佳，長期臥床且癌細胞也轉移到肺部，常常會有呼吸窘迫的現象，麻醉疼痛科的醫師不敢使用嗎啡幫她止痛。根據病人及病人家人描述，病人疼痛發作時是會發出哀嚎的叫聲；而她本身是很虛弱的，說話時會讓人覺得中氣不足，但是疼痛發作時卻可以發出類似慘叫的聲音，可見疼痛的強度有多強烈。

而她會知道遠絡治療是因為她的疼痛科醫師建議的，因為沒有辦法使用藥物，所以建議她試試遠絡治療。病人當時還在住院中，所以都是請假出來治療，因為病人癌末有骨轉癌及肺轉移，所以她的標準配備是輪椅和氧氣筒；我在幫她治療時都戰戰兢兢，深怕她治療到一半突然一口氣喘不過來，就駕鶴西歸了。還好遠絡醫學真不是蓋的，第一次治療完後她的疼痛就減輕了一半以上，第二天來治療時，病人及家屬很高興地說晚上已經可以睡覺了，雖然還會不舒服，但不會再被痛醒；病人因為帶狀皰疹導致疼痛已經兩個星期無法好好睡覺，夜晚因為疼痛的叫聲，幾乎病房的所有人都要精神衰弱了。

病人連續治療了七次，帶狀皰疹導致的疼痛就好了。帶狀皰疹後神經痛解除之後病人癌症的疼痛開始出現，雖然仍持續遠絡治療，但已經不是那麼密集天天治療了，因為醫院無法讓她天天請假且她的身體狀況也愈來愈差，病人最終還是走了。後來病人家屬打電話來道謝，謝謝我在病人最疼痛的那個階段幫助她度過；後來病人雖然走了，但是在最後的那段時間，病人是安詳的，是平和的。我聽完電話，內心百感交集，有些高興又有些悵然若失，高興的是遠絡治療真的幫到了病人減輕痛苦，也感嘆病人年紀輕輕就走了！

案例五 引起三叉神經痛，額頭、眉毛碰不得

四十二歲黃先生在三個月前罹患帶狀皰疹，位置剛好是在右側三叉神經的第一分支，帶狀皰疹水泡消失後仍然有疼痛的現象。病人主訴用手輕觸額頭會有像觸電的疼痛感（不可觸摸的疼痛），額頭及眉毛往上提時也會產生疼痛；但如果

不觸摸，不做動作就不會痛，病人經由朋友介紹來試試遠絡治療。第一次治療完問病人有無感覺，病人說還好，但我還是鼓勵病他持續治療；治療了三次之後，病人覺得輕觸時疼痛感有減輕了，眉毛往上提時也不那麼痛了。我跟病人說那他的帶狀皰疹一定會好，病人臉上露出了欣喜的笑容。

盡早尋求遠絡療法，一定能很快找回健康

如上文提到的，帶狀皰疹後神經痛的病理病態主要是神經纖維受到壓迫和破壞。若神經纖維受到壓迫則會產生疼痛，若神經纖維受到破壞則會產生不可觸摸的疼痛；臨床上不可觸摸的疼痛復原通常較慢，但會漸漸痊癒。若發病不久，只有幾個月，神經纖維被破壞的修復較快，密集治療通常一個月內可恢復；若發病已經多年，則治療的時間相對較久，但治療期間疼痛仍會逐漸降低，柯醫師認為真正修復需長達十八個月。

因為見過長年被帶狀皰疹神經痛折磨的病人，他們覺得生活是灰色的，病人受苦家人也受苦，雖然遠絡治療可以幫助他們減輕痛苦，但畢竟治療費時又長久，長久治療對經濟也是一種負擔；所以衷心期盼及呼籲萬一罹患帶狀皰疹，應盡早尋求遠絡治療，相信病人一定會很快尋回健康的。

右膝關節痛（前方）

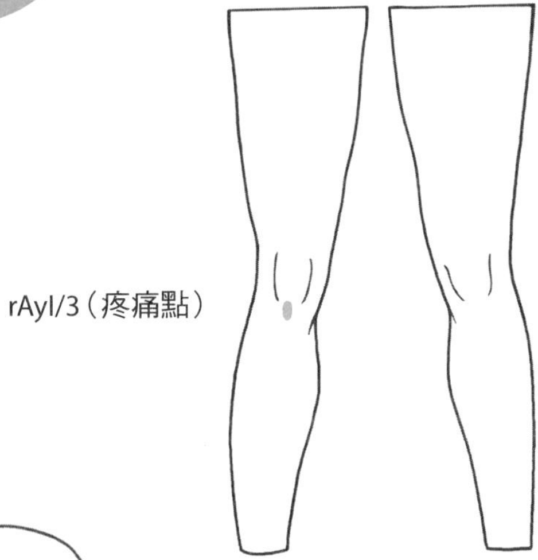
rAyI/3（疼痛點）

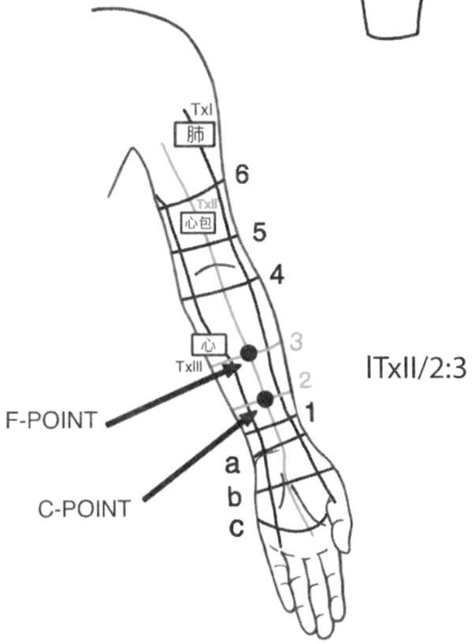
TxI
肺
6
TxII
心包
5
4
3
心
TxIII
2
1
F-POINT
C-POINT
a
b
c
lTxII/2:3

第十章

疼痛之王——三叉神經痛的治療經驗

神經纖維破壞的修復原本就是漫長的，柯醫師認為需要十八個月，一旦病人沒有了信心，當然很容易終止治療；不過總體上，遠絡醫學對三叉神經痛的病人而言，仍是有不錯的效果。

三叉神經是腦部第五對顱神經，臉頰左右兩側各一條，分別掌管半邊臉的感覺及咀嚼相關的運動功能。在拔牙或進行蛀牙治療時，牙醫師麻醉的部位，就是三叉神經末梢的分支；若以運動功能來看，三叉神經可以負責咀嚼相關的肌肉，而感覺功能，則包括臉部肌肉感覺、觸覺、溫度、痛覺等。

牙齒痛？還是三叉神經痛？

為什麼叫做三叉神經呢？因為三叉神經有三大條分支，分別是眼神經、上顎神經以及下顎神經，從臉部的上到下，可約略分布在前額（眼神經）、臉頰（上顎神經）及下巴（下顎神經）的位置；三叉神經一旦受損，因上顎與下顎神經，剛好位於牙齒周圍，所以，常被誤以為是蛀牙，或是牙神經發炎壞死引起的牙痛，很多病人發作初期都會先看牙醫，拔完牙之後，疼痛沒有好轉才知道是三叉神經痛，造成不少民眾白白犧牲了好幾顆牙。

相信每一位牙醫師都會遇到這樣的病人，有時真的很難判斷是牙痛或三叉神經痛，如果真是三叉神經痛時要如何幫助病人？所以有許多牙醫師會來學遠絡，希望學了遠絡治療後能幫助到這些病人。三叉神經痛經常發生在其下兩個分支所分布的區域內，出現在第一分支區域內的比例比較少；有些患者只出現在某一分支，也有患者在二個分支都出現。通常患者會描述在他們的面頰、下顎或口腔內出現一種像針刺、像刀割、像被電到的劇烈疼痛，通常它一次痛個幾秒鐘，有時長可達數分鐘甚至數小時，發作次數可由每天數次至數百次不等，其症狀會讓患者覺得痛不欲生。

一旦罹患三叉神經痛，除了自主性的疼痛外，它可以在某些情況下被誘導出來，例如碰觸到臉上的皮膚、吃東西、打哈欠、刷牙、臉吹到冷風等。由於這種痛十分難受，有些患者對洗臉、刷牙、刮鬍子、上妝，甚至吃東西都會有恐懼感，造成體重下降，甚至得憂鬱症。

至於引起三叉神經痛的原因，根據統計最多是因為結構所引起的，就是三叉神經的根部被彎曲的血管壓迫所引起的。其他會引起三叉神經痛的原因還很多，包括腫瘤、血管畸型、動脈瘤及多發性硬化症等，甚至有些是不明原因。我們可以借助較精密的影像檢查找出原因，可是仍有許多病患無法用影像檢查看到確實的病因。治療三叉神經痛的藥物目前是以抗癲癇藥物為主，不過臨床上仍有許多患者使用藥物治療，效果仍然不佳。至於那些對藥物反應不佳的病患則可以考慮手術治療。治療的方法包括阻斷三叉神經傳導及減壓手術等，不過也有些病人手術之後仍然持續有症狀。

痛在臉部，都不想說話進食，相當沮喪

以遠絡觀點來看三叉神經痛，它是一種神經纖維遭破壞的疾病，神經纖維遭受破壞，在臨床上的症狀是不可觸摸的疼痛，即痛覺敏感（allodynia），可能輕輕的觸摸，或臉部的肌肉稍微收縮就會產生異常的疼痛，甚至風吹到臉都會有劇

三叉神經痛，
常被誤以為牙痛

第一分支：額頭、眼眶、眼角等疼痛
第二分支：上排牙齒、鼻翼等疼痛
第三分支：下排牙齒疼痛

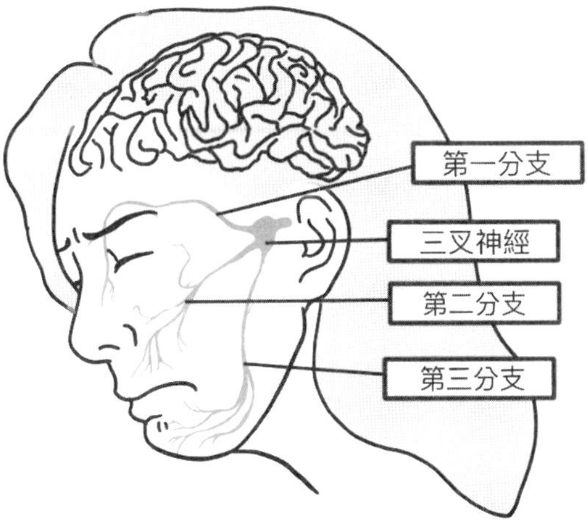

烈的疼痛感，像針刺，像電流流竄的感覺，一旦疼痛發作真的會讓人有痛不欲生的感覺；另外像是帶狀皰疹後神經痛、複雜性局部疼痛症候群，也都屬於神經纖維遭受破壞的疾病。

不過三叉神經痛是在臉部，病人常因疼痛而無法說話或進食，或不敢說話或進食，以免產生疼痛，那種心理的沮喪和憂慮是常人無法體會的。而我學了遠絡醫學之後，也治癒了超過十位以上三叉神經痛的病人，有的療效很好；但也有幾位一開始改善不很明顯，但治療了大約兩個月後突然開始進步起來。目前我還不是很清楚原因，是不是因為神經纖維被破壞需要修復到一定的程度，症狀才會明顯好轉？

另外，觀察病人和病人家屬的互動關係，發現應該也會有影響。因為三叉神經痛的病人一旦發病後都不喜歡講話，情緒既低落又沮喪，所以家人也較難和病人做適當的溝通；假如家人的支持度不夠，無法體諒病人的痛苦，相對的病人的情緒肯定更加沮喪。而神經纖維破壞的修復原本就是漫長的，柯醫師認為需要十八個月，一旦病人沒有了信心，當然很容易終止治療；不過總體上，遠絡醫學對三叉神經痛的病人而言，仍是有不錯的效果。

案例一 痛了三年快得憂鬱症，慶幸堅持治療才痊癒

七十幾歲的老太太飽受三叉神經痛的困擾已經有三年多了，她是經由朋友介紹到我們診所治療的。病人門診時滿臉愁容，因為張口說話就會痛，所以主要由先生訴說病史，但是病人的先生一說錯，病人會很生氣地拿起紙筆糾正。他們說病人三叉神經痛已經發作三年多，各大醫學中心從台灣頭到台灣尾都走遍了，藥物治療的效果奇差。最近半年左右症狀有加劇的情形，說話，喝水，刷牙會有觸電般的疼痛；因為無法吃飯，在這半年體重減輕了好幾公斤，病人說她已經有憂鬱症了。詢問病人是否會選擇開刀，她說醫院檢查並沒有明顯的血管或腫瘤壓迫到三叉神經的現象，所以醫師也不建議手術，她只好在各大醫院遊走；但是治療

效果不好，症狀反而愈來愈嚴重，最近聽說有一個新的遠絡醫學可以治療疑難雜症，所以就趕緊來試看看。

於是我跟病人解釋遠絡醫學對三叉神經痛的病理病態分析，告知她治療時可能會產生的變化，並解釋雖然神經纖維遭受破壞，但遠絡醫學可以幫助修補神經，不過可能需要十八個月，請她需要有耐心治療。病人答應治療看看，結果大約治療了八個月才停止；在這八個月期間，病人從不想說話（因為只要一說話就會導致劇烈疼痛），到治療時可以和我們的治療人員說笑話，偶爾還會聽到她在數落先生，漸漸地臉上有了笑容，東西也可以吃得下了，體重也逐漸恢復了，那些不可觸摸疼痛的程度逐漸下降，發作頻率也減少了。

大約在病人治療六個月左右，病人門診時自己跟我說前兩個月的遠絡治療，真的很沒有信心；因為有時來治療時不痛，但回去之後仍然痛得厲害，有時來治療時三叉神經痛正在發作，治療完疼痛程度雖會下降一點點，但沒多久又仍痛得厲害，那時真的快放棄了。我問她那為什麼沒有放棄呢？病人說因為沒有退路了，既然無法開刀，藥物幾乎無效，而遠絡效果好像有一些些，再加上先生的鼓勵，兒子是美國的醫學博士，幫她查了許多遠絡治療的資訊，也鼓勵她繼續治療看看；還好兩個月後症狀有逐漸改善，她也很慶幸自己堅持了下來，才能和我說這麼多話。

聽到這些話其實我內心是澎湃洶湧的，因為我覺得我何德何能，只因為學了遠絡醫學，就能幫助這樣痛苦的病人。

案例二 捱了十幾年痛的婆婆，得先治痛才能植牙

七十七歲的婆婆遭受三叉神經痛之苦已經十多年了，一直都有用藥物治療，但是最近服藥的效果不佳。婆婆近來接受植牙的治療，但因為三叉神經痛發作得太厲害了，牙醫師根本無法幫她處理牙齒，所以建議她先接受遠絡治療；於是病人先到我這裡接受治療降低疼痛後，再回到牙醫診所繼續看牙。

事後與牙醫師聊到該病人，他說婆婆當天到診所看牙時，講話模糊，嘴巴無法張開，因為只要嘴巴一動就會引發三叉神經痛，根本無法看牙。當病人來到我的門診時，臉色蒼白，面容憂苦；檢查後發現在左側嘴角 AyI 有不可觸摸的疼痛，於是趕快幫婆婆治療。治療完後婆婆的疼痛果然減輕了，摸嘴角也不痛，可以張開嘴巴了，雖然張嘴時還有些不舒服。病人又可以回到牙醫師那裡順利處理完牙齒的問題；真是神奇的遠絡治療！

案例三 開刀兩次，日服十種藥，可憐的病人！

二十八歲的陳先生主訴左側三叉神經痛。從二〇一一年開始發作，三年多來總共接受兩次開刀，第一次在二〇一一年接受減壓手術，開完刀後症狀好轉，但幾個月後復發。在二〇一二年七月再次接受 Garmma 刀治療，但在二〇一二年十月疼痛又再次發作直到二〇一四年。病人描述疼痛狀況，說話、吃東西時疼痛會加劇，所以說話時嘴巴不敢打開；因為吃東西會痛，只能進食流質食物，所以體重也一直下降。

看了病人的藥單，發現幾乎所有的止痛藥都開了，包括非類固醇抗發炎藥及兩種麻醉止痛劑、肌肉鬆弛劑、抗焦慮藥物及利尿劑等，共十種藥。我很好奇為什麼會有利尿劑；他說因為這些藥吃了腳會水腫，所以醫生開了利尿劑。哎呀！我無言了。可憐的病人！病人最近幾個月因為吃藥後疼痛沒有改善，所以在網路搜尋到遠絡醫學，找到了我們診所，就趕緊來治療了。病人治療了十三次之後，疼痛減輕了一半以上，而且每天服用的藥物由四次已經減到兩次，而疼痛不再發作。

案例四 ▼六年來時而發作，痛起來時尋求牙醫仍無解

五十七歲的女士來診所治療的主要症狀是右側三叉神經痛，發作時間可追溯

到二〇〇七年十月左右；從那時候開始三叉神經痛就時而發作，發作時講話、吃東西都非常不舒服。看過牙醫治療牙齒後，右側臉頰及牙齦仍然疼痛，之後經由一位朋友介紹到我們診所。

病人剛開始治療時，覺得效果並不明顯，因為治療當下可稍微緩解，回家以後有時疼痛得更是劇烈。但是介紹的朋友是她非常信任的一位朋友，也鼓勵她說如果醫院的治療無法幫助減輕疼痛，至少遠絡治療已經可以當下緩解症狀，相信持之以恆，遠絡治療可以幫她治癒。再加上我再三地跟病人解說三叉神經痛的病理病態，我們遠絡治療真的可以幫她修復神經；病人好不容易熬過了大約兩個星期的煎熬期，之後疼痛就逐漸改善，目前已經痊癒。

案例五 並不是絕症啊！只要給醫生時間就能痊癒

八十一歲的老太太是由一位仁慈的牙醫師轉診過來的。她的八十四歲老伴陪著她到門診，病史幾乎由她先生訴說，因為病人左邊的臉及牙床嚴重疼痛，無法講話。老太太在一年多前突然左臉劇烈疼痛，疼痛的位置在左臉頰及牙齦，偶爾左邊的舌頭也會痛，看過西醫診斷是三叉神經痛，吃了一堆藥，但是治療沒有效。家人也擔心病人年紀大了，吃太多藥會有副作用；有朋友介紹中醫針灸，病人去了幾次後也放棄了。

後來想說牙醫尚未去過，所以去找牙醫，牙醫師檢查後處理了一些牙齒問題，就介紹病人到我們診所治療。老太太這一年多來，因為三叉神經痛無法進食，每天只吃一些半流質的粥，體重由六十幾公斤掉到四十幾公斤；家人也帶她到醫院做其他檢查，並沒有特別的問題。她的先生覺得太太很可憐，帶著她到處求醫，終於找到了我們診所。

第一次治療時，病人疼痛程度約九分，問診時幾乎無法講話，治療後減少了七成，比較願意講話了，家屬就說病人要「出運」了。第三次治療時，老太太就能和治療人員聊天，雖然疼痛仍會產生，但是已經逐漸好轉。只要給我時間，我相信病人一定能夠痊癒；因為現在三叉神經痛並不是絕症啊！

案例六 類三叉神經痛難診斷，初期會以為是牙齒問題

八十歲老先生是一位退休校長，他的臉頰痛是從二〇一五年的過年開始，當時發作的時間因為正值過年，只好緊急求救認識的牙醫師；他之所以會找牙醫是因為痛的地方在右上牙齦的位置，並且痛感會往上走一直線（AyI）到眼睛周圍，老先生以為是牙齒的問題。

牙醫檢查後認為牙齒沒有問題，因為該牙醫師學過遠絡醫學，所以幫他用遠絡治療，果然疼痛消了，並且維持了一年沒有發作。前年過年時又發作一次，所幸也治好了，但在去年清明節卻又再度復發；這次他也先去找了住家附近的牙醫師檢查，牙齒仍然沒有問題，也看了其他科，有的醫師說可能是三叉神經痛，有的就只說是頭痛。老先生吃藥打針的效果都不好，只好又求救於他的牙醫朋友，

他的朋友就介紹病人到我們診所治療。

病人說這次的痛比前兩次都嚴重，痛起來真的感覺到人生都是黑暗的，那種痛感會從右上牙齦開始，然後慢慢地從痛點暈開往上走一直線到頭頂，接著全身都不舒服，感覺全身所有的關節都不對勁；找醫師治療又沒改善，也查不出原因。我聽了之後，問病人頸椎是否受過傷？病人說年輕時曾經練過舉重，有一次因為舉太重，頸部受傷也造成全身的不舒服。我跟病人說，他的疼痛是因為頸椎第一節所引起的；病人回答說有可能喔！因為他發現這兩天用手拍打右頸肩交界處時會引發疼痛。我說那我們治療看看就知道了，果然治療之後，疼痛程度減輕了八成，全身也都輕鬆了。病人說遠絡治療真的是太神奇了！

三叉神經痛的疼痛走向是橫向的，而這個病人的疼痛走向是縱向的，其病因是頸椎第一節發炎所引起的顏面痛，疼痛程度有時也和三叉神經痛相當，所以在臨床上常被誤診為三叉神經痛，因此我戲稱他是類三叉神經痛。

基本上頸椎第一節發炎所引起的顏面痛是很難診斷的，因為這應該是遠絡醫師才會有的概念，所以非遠絡醫師常認為是三叉神經痛。這樣的病人在臨床上一般都會用藥物處理，如果藥物效果不佳，就很有可能會被轉介給遠絡醫師處理。而到我這裡治療的病人，通常都是由學過遠絡的牙醫師轉介過來的；因為這類的病人起初都會尋求牙醫師幫忙。

右側
腳踝痛

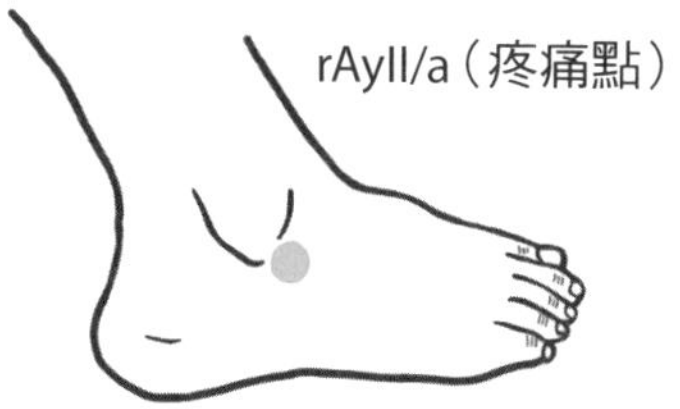
rAyII/a（疼痛點）

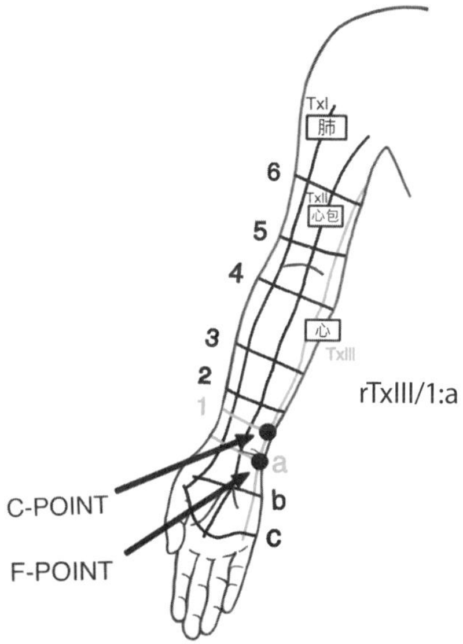
TxI
肺
6
TxII
心包
5
4
心
TxIII
3
2
1
rTxIII/1:a
a
b
c
C-POINT
F-POINT

第十一章

複雜性局部疼痛症候群（CRPS）的治療經驗

CRPS 在目前的西醫，有時無法治療，只能用藥物處理，所以被世衛組織列為難治性疾病。遠絡醫學是真正可以治療病因處的醫學，效果比一般的治療來得好，真是這類病人的一大福音。

複雜性局部疼痛症候群（Complex Regional Pain Syndrome, CRPS）是世界衛生組織（WHO）公認的難治性疾病之一，在柯醫師和我們的治療經驗裡，以遠絡醫學治療複雜性局部疼痛症候群（以下簡稱CRPS），確實可以大大地減輕病人的疼痛，遠絡醫學可真是這類病人的一大福音。

世界衛生組織公認的難治性疾病之一

基本上，CRPS是一種發生機轉和病程不明的疼痛症候群，這種疼痛症候群直到一九九三奧蘭多舉行的國際疼痛研究學會（International Association for the Study of Pain, IASP），才正式被定名；而該協會於一九九六年將CRPS根據有神經損傷與否分成兩類：

CRPS typeI：沒有主要神經損傷，又叫「反射性交感神經失養症」（Reflex

Sympathetic Dystrophy, RSD），如骨折、腦中風、腦外傷或感染後的病人等。

CRPS typeII：主要與神經叢本身或分支受傷後有關，如臂神經叢、腰椎神經叢受傷等。

CRPS的主要症狀是疼痛、感覺改變、運動受損、自主神經症狀，還有肢體萎縮。通常都在誘發事件的四至六週後發生，女性比男性常發生。疼痛的表現是持續的深部灼傷痛（causalgia），或是針刺及撕裂感的疼痛，可能會隨著肢體的移動、溫度的變化或觸摸，使疼痛加劇（allodynia）；另外會因為疼痛、水腫而限制了活動範圍。它的自主神經變化為兩側肢體溫度不對稱或流汗不對稱、皮膚顏色不對稱、變薄及發亮，嚴重時會有肌肉皮膚萎縮、關節活動受限攣縮、毛髮生長改變、症狀處骨頭檢查會有骨質疏鬆的現象等。

我在復健科當住院醫師時曾經遇過兩個案例，一位是腦中風病人在患側上肢產生反射性交感神經失養症（以下簡稱ＲＳＤ）。記得病人發生ＲＳＤ之後，我用了多種藥物，病人疼痛仍難減緩，復健時只要碰到患側上肢，病人就感覺異常疼痛，也看到了病人上肢末梢水腫、肩關節疼痛並關節攣縮，當然就影響到病人的復健效果；我可以感覺到病人更加沮喪，而當醫師的我更是有無力感。

另一位是上肢骨折受傷的病人，當時我已經是住院總醫師了，每星期有一節門診，而這個病人到我的門診時，當時真的不知道該如何幫病人做復健，因為患側肢體根本無法碰觸，有嚴重的痛覺敏感，只好轉介到疼痛科用藥物治療，然後囑咐病人疼痛減緩後再回來復健治療。

只要能揪出病因，遠絡是病人的一大福音

但是現在的我遇到了ＣＲＰＳ的病人已經不會不知所措，因為我學過遠絡醫學了。在手腳的生命體流線，有陰、陽各三條，而陽經和陰經互為表裡經，是

成對的，如TyI、TxI互為表裡，AyI、AxI互為表裡，以此類推；所以手有六條體流線、共有三對表裡經。腳的經絡也是相同。

柯醫師認為必須要有兩對以上的經絡有症狀，才能診斷為CRPS；並且將CRPS的病因位置分為上位中樞腦的部位、下位中樞脊髓，及脊神經和局部受傷引起區域性中樞問題。而如何判斷是哪裡的病因，則需從病史和症狀來推知，如果能準確判斷造成CRPS的病因，以遠絡療法來處理病因，治療效果就會很好。

我曾經用遠絡治療過因為腦中風引起患側肢體的RSD，在手腕附近局部注射後引起的CRPS，和脊髓穿刺引起的下肢CRPS，都有不錯的效果。CRPS在目前的西醫或許知道引起症狀的病因，但有時無法治療，只能用藥物處理，如腦中風引起的RSD，有時不明原因，那更是無法治療，也還是只能用藥物處理，可是藥物又不是很有效，所以被世界衛生組織列為難治性疾病。但是，遠絡醫學和一般的中西醫不同，如果能夠判斷出正確的病因，就可以治療

遠絡醫學是
真正可以治療到病因的醫學

上位中樞：腦
下位中樞：脊髓，脊神經
局部受傷引起區域性中樞問題

病因；遠絡醫學是真正可以治療到病因處的醫學，所以效果會比一般的治療來得好，治療複雜性局部疼痛症候群即是明證。

案例一 車禍後小腿發麻、電擊痛，接受六次治療

四十九歲宋女士在二〇一二年八月發生車禍，造成左腳脛骨骨折及左小腿動脈、肌肉嚴重撕裂傷，病人接受骨頭內固定手術及植皮。手術後沒多久，病人就出現左小腿不可觸摸的疼痛、電擊痛及發麻；每走一步路，左小腿就異常疼痛。病人於九月時將骨頭內固定器拿掉，疼痛仍然沒有好轉，於是尋求遠絡治療的幫忙。

病人在二〇一四年三月六日來本院檢查時，發現左小腿有兩條相對應的陽經和陰經有不可觸摸的疼痛、發麻及電擊痛，左小腿的溫度也稍微降低；經診斷是CRPS。經過了六次遠絡治療後，電擊痛幾乎消失，發麻程度也減輕了。

案例二 ▼ 罹癌後左手疼痛發麻，讓她有輕生的念頭

六十五歲女性病人二〇〇七年發現左側乳癌，高雄榮總及長庚醫學中心建議病人手術，但是她不想開刀，所以就尋求牛樟芝治療；二〇一〇年因為癌細胞侵犯到血管，造成血管破裂，引起大出血及敗血症。幸好病人有救回來。

病人在二〇一二年六月開始做放射線療法；後來因為左手發生劇烈疼痛，腫瘤科醫師有開很強的止痛劑給她，卻沒有效，所以也尋求了復健科治療，只是電療後疼痛更加劇烈。病人是一位企業家，門診時自述她是一個很堅強的人，之前腫瘤侵犯血管引起大出血及敗血症，那時她都不怕，但是最近左手的疼痛和發麻，讓她有輕生的念頭。

門診時問病人是如何知道遠絡治療的？她說是家屬經過我們診所門口看到招牌，於是建議她來試試看。幫病人檢查之後發現，左上臂、前臂、手腕、手掌、

手指陰面及陽面，皆有不可觸摸的疼痛；病人也敘述前臂到手指會有電擊痛和穿刺痛，整個左手更是整天發麻，而且左手的溫度比右手稍低，第3、4掌指關節輕微腫脹。

於是跟病人解釋了遠絡醫學以及她的診斷是世界衛生組織公認的難治性疼痛後，開始安排她做治療。病人問到她的疼痛是否可以改善？事實上診所當時正好有兩位同樣的案例，不過發生的位置在下肢，治療的效果也不錯。所以我跟她說，一定可以改善。

病人第一次治療後，左手發麻及疼痛的程度有改善；在第五次治療後，不可觸摸的疼痛已經大幅進步，電擊痛及穿刺痛發生的頻率也較少了。

案例三 化療前後，遠絡是調養身體的利器

這位三十幾歲的女性是位血癌患者，有接受過化療，因為要做骨髓移植，就在

骨髓穿刺檢查之後幾個星期，於右小腿及右腳產生了CRPS症狀。

病人來門診時，因為白血球指數下降，身體顯得虛弱，所以戴著口罩、深怕會有感染，而且無法走路，是坐輪椅被推進來的。她說想接受骨髓移植治療，但是因為右腳實在太過疼痛，服藥又不見好轉，上網搜尋得知遠絡醫學可以治療CRPS，所以特地來找我們試試，希望腳不痛之後可以順利做骨髓移植治療。我說：「好啊，我盡可能幫妳調整免疫及治療。」

檢查病人疼痛的範圍發現，右腳從小腿肚到腳趾尖所有陽經和陰經都疼痛，兩腳皮膚顏色及溫度都明顯不同，也有電擊痛及痛覺敏感，是標準的CRPS；但其源頭卻是從腰薦椎而來的。於是安排病人開始遠絡治療，在一個療程約十二次之後，病人腳著地雖然還會疼痛，但已經可以走路，電擊抽痛的情形也大幅減少，並且說她已經要安排骨髓移植了。

經過一些時間，病人又再次出現在我的診間，她是拿著單腳拐杖走進來的，臉上露出笑容說：「陳醫師，我是骨髓移植後隔離病房的第一名。」我問：「是什麼第一名？」病人說：「骨髓移植後在隔離病房待的時間最短，也幾乎沒有什麼不舒服，很快就出院了，所以血液腫瘤科的醫師說我第一名！我覺得那一陣子做遠絡有幫助，因為以前做化療時真覺得生不如死。」沒錯，我之前也治療過癌症病人，在化療前先用遠絡治療調養，真的可以降低化療副作用的機率；若化療後有不舒服的症狀也可以用遠絡治療清除，可以提升病人的生活品質，遠絡醫學真的是這些病人調養身體的利器。

案例四 忍受疼痛指數十分，他們是生命的勇者

四十一歲的王小姐是一位美國華僑，她描述，二〇〇六年時因為左手前臂扭傷，美國醫師拿了一根針在其受傷部位注射了藥物，在注射的當下她感覺一陣刺痛發麻，之後受傷的部位就更加疼痛，範圍逐漸擴大並且延伸到上臂，電擊痛、燒灼痛和發麻也相繼出現，肌肉也開始萎縮；在美國即被診斷是CRPS。

因為治療的效果不好，所以病人從二〇〇六年就開始上網找CRPS的資料及治療方法，終於在二〇一一年搜尋到柯尚志醫師用遠絡醫學治療CRPS成功的案例；因為柯醫師人在日本，可是她想回台灣治療，於是找到了我們診所。病人於二〇一二年回台治療，當時在台南診所診察時發現，她的左上肢TyII、TyIII、TxII、TxIII有上述症狀，且症狀是二十四小時持續。看病人神色自若，問她疼痛指數，回答有九分，因為十分是痛到想哭想死，但是她已經過了想死的階段了，所以是九分。很難想像病人居然能忍受這樣的病痛。經過治療之後，疼痛指數下降，密集治療了兩個星期，疼痛指數降到四以下；後來因為要回美國，所以中斷了治療。不過病人說二〇一三年會再回來治療，但是二〇一三年她並沒有回來。

二〇一四年病人又回來了；相隔了一年多，為什麼呢？

柯醫師在上課時曾經說到若一側有症狀，相隔一段時間後，在對側的肢體產生相同的症狀，這是相應關係，相應的症狀。話說這位王小姐在二〇一四年上半年時，右手前臂和手指相對於左上肢病兆的地方開始出現和左手初發作時的症狀，電擊痛、燒灼痛、發麻，及不可觸摸的疼痛相繼發生。病人右手並沒有受傷，而原本有症狀的左手，症狀也逐漸加劇；她想到當時二〇一三年應該要回台灣治療的，卻沒有回來，於是趕緊買了機票飛回台灣尋求治療。

在門診時，病人右手的末梢呈現僵硬但還可以自主動作，不過會引起劇烈疼痛，溫度較低，而且會有放電的感覺，檢查時有不可觸摸的疼痛，疼痛的位置在TyII、TyIII、TxII、TxIII，與左手的位置一模一樣；而右手的症狀甚至比左手嚴重。行醫這麼久，真的也是第一次遇到這樣的案例，當然遠絡還是可以處理的。

病人治療完後果真疼痛指數就下降了。這次大約治療了一個月，兩手的疼痛程度都有明顯的改善，因為機票到期了，美國也還有事，所以又飛回美國了。不過這次病人說：「陳醫師明年我一定會再回來繼續治療，一定要把它治療好，不然像這次真的是嚇到了，我一定要把它治療好。」像CRPS這類的病人，他們痛苦的程度其實是我們無法想像的；像這樣生命的勇者，我們能幫到他們，也是當醫者的幸福！

案例五 ▼ 腦中風伴隨上肢ＲＳＤ，兩個治癒案例

在我學了遠絡醫學之後，已經成功治癒了兩位腦中風伴隨上肢ＲＳＤ的病人。第一位病人在中風後大約一個多月發生，病人在復健過程中發現中風患側手指腫脹；幫病人做上肢關節運動時，病人感到從肩膀到手掌的疼痛，所以很不喜歡做復健治療。當我發現病人的情況時跟病人及家屬溝通，開始介入遠絡治療，大約一個月，果然很快就恢復了。

第二位病人是在高雄某醫學中心診斷出來的，病人中風後一直在高雄某醫學中心做復健，發病兩個多月後，患側上肢開始出現末梢腫脹、溫度變化及痛覺敏感的現象，患側上肢根本無法復健，他的主治醫師告訴他罹患了ＲＳＤ，也使用了藥物治療；但是病人感覺沒有效果，疼痛日益加重，原本手掌已稍微恢復可

輕微握拳，但產生ＲＳＤ後手掌又退回完全無法動作。於是他的家屬上網搜尋其他治療方式，終於找到遠絡治療；病人來門診時，手掌腫脹已經消退，呈現細長狀，皮膚有萎縮現象，觸摸其手的皮膚溫度是冰冷的。跟病人及家屬解釋了遠絡的病理病態後，大約治療了兩個月，ＲＳＤ即痊癒了，手部動作也恢復到未發生ＲＳＤ前的狀態。

複雜性局部疼痛症候群（ＣＲＰＳ）和三叉神經痛都是非常難治的疾病，一旦罹患這些病，病人的生活品質、甚至家屬的生活都會大大的受影響；我每次看到這些病人痛苦的神情，想到他們和病魔奮戰的精神，都非常佩服他們。他們是生命的勇者，而我也很慶幸學了遠絡醫學，能夠幫助他們、陪他們一同對抗這些難治性的疼痛。

右足跟痛

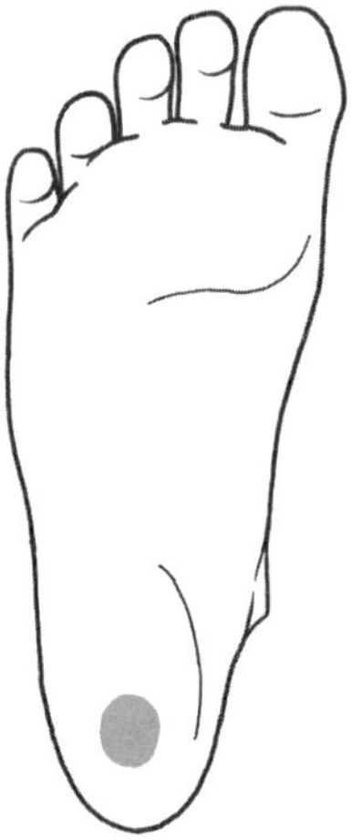

rAxIII/b（疼痛點）

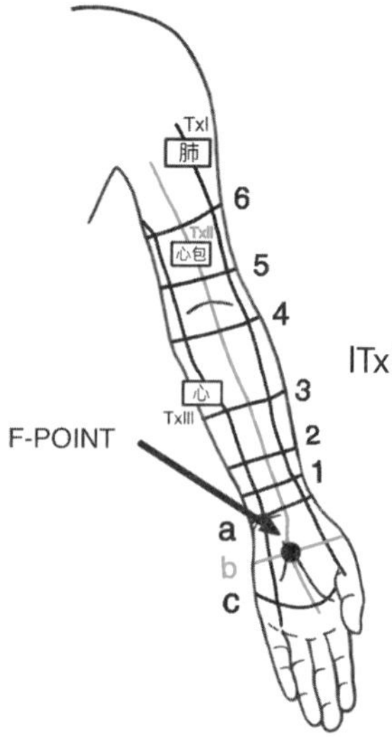

lTxII/0:b

離開職場，邁入更年期，五十多歲的我陷入無眠的苦痛中。長達四年，沒吃助眠劑就是雙眼通紅到天明；吃了鎮日昏沉沉，仿如立於風飄雨打的甲板上，而我永遠上不了岸。

二〇一八年底，遇到陳醫師以遠絡治療我。第一次接上電線，電流由穴道入我身，感覺空洞的自己被補實了！再起身時已能腳踏實地。

一個療程後，就不需服食助眠劑，兩個療程後，人生重新啟動。

非常感恩能與慈悲為懷的陳醫師相遇，也感謝朱育賢老師的大力引薦。

文慧櫻／台南女中退休教師

唐代孫思邈在其《備急千金要方》中的第一卷〈大醫精誠〉中說到：「凡大醫治病，必當安神定志，無欲無求，先發大慈惻隱之心，誓願普救含靈之苦。……」

我想，當初「遠絡醫學」創始人柯醫師，一定也曾發下大願，才能突破中西方醫學的思想理論，找到遠絡醫學的理論與方法，得以在現今主流醫學的局限中，另闢蹊徑，解救眾生的病苦。

本書作者陳炫名醫師，不僅承襲了柯醫師的高明醫術，更是懷有一顆慈悲的心。記得有次演出前，因腰椎不適，前去求助陳醫師。陳醫師擔心病痛會影響我晚上的演出工作，立即悉心診治，約莫半小時，我不適的症狀已經恢復八九成，完全讓我放下心中懸念順利演出！

遠絡醫學是主流醫學外的一盞明燈，不僅可以治療或降低患者身體上的病痛，更可免去許多手術的風險及後遺症，且治癒的不只是身體，更是還給病人一個有品質的生活。

朱育賢／台南藝術大學國樂系講師

二〇一三年時我曾做過頸椎開刀治療，未料開刀後情況更糟糕，不僅手會麻，頸椎刺痛每天更是長達二十四小時；當時尋求中醫師，做了三個月針灸及小針刀治療沒有好轉，中醫師表示很慚愧，推薦說我的情況遠絡可以治療，我看醫師相當誠懇，便相信了。

謝謝中醫師，更謝謝陳醫師。所幸有陳醫師的幫助，頸椎痛在三個月內明顯改善很多，六個月時一天只發作一次而且持續兩三小時而已，一年之後完全痊癒了（當然有時太勞累了就會再犯，證明仍須好好保養）。

回顧剛治療時，一週做三次，七、八個月後才減為兩次，之後才是一週一次的保養，持之以恆很是重要。陳醫師心腸好，視病如親，許多人都很稱讚；而他也就像是我的家庭醫師了，只要我感覺身體有點病痛，便會習慣回來找陳醫師。

吳艾琦／家管

會接觸遠絡醫學，除了陳醫師是我同濟會的會兄之外，主要是我在前年北上當世大運裁判時，發生可能因疲勞而造成腰痛且無法走路的慘狀，當時有緊急送大醫院，診斷說是腰椎滑脫必須開刀；因為家裡在高雄的關係，我問陳醫師該怎麼辦，陳醫師說：「你先回來治療再說。」

在搭高鐵時人還能坐著，自己開車過去，沒想到病況急轉直下，下車後就得坐輪椅進診所了；經陳醫師診斷後，馬上用遠絡治療。第一週我天天去，簡直是用爬的上治療床的，一週後開始可以拿拐杖自己走，在那一個月，只要力量一出來，我就堅持放掉拐杖；這樣連續治療了一兩個月，應該是肌力也有足夠的刺激，我現在能走能跑，還能跳舞。我很感謝陳醫師，一直到現在還是會繼續做定期的保養。

呂國賢／國際同濟會台灣總會嘉合分會會長

本人從小身體就不好，生完二個兒子後身體更糟！前後也開了四次的刀，兩次是大手術，造成最主要的是失眠問題，困擾了十多年，也引發高血壓狀況，曾經都到了一百九十八上下。以前人生還有點彩色，失眠的人生是痛苦不堪。

直到在十一年前遇見了陳醫師及黃醫師的遠絡治療，整整大約有三年多的時間都是在做此治療，雖說剛開始沒什麼感覺，可是我確信是可以幫我解除痛苦的。有一天我發現，我頭不痛了、肩膀不酸了……諸多的毛病好像都在減輕當中，就連高血壓也趨於正常，至今都不需用藥。

杜琇琴／家管

我個人與家人有機會認識遠絡療法，而且得到很大的幫助。個人如果遇到酸痛問題，一定先尋求遠絡療法的治療。比較特別的是，母親的肝硬化引發腹水的病症，竟然可以透過遠絡療法治癒，因此我們一家人都非常肯定這個療法。希望

陳醫師的書可以利益很多人！

邵揮洲／成功大學系統及船舶機電工程系教授

我是一位護理人員，因為工作的關係傷了腰，只要搬重物或長時間姿勢不良，都會導致腰部嚴重疼痛，嚴重時甚至無法下床走路，服用止痛藥及肌肉鬆弛劑也無法緩解疼痛。幸而遇見陳醫師，運用遠絡療法按壓穴點，當下就能將疼痛減輕一半以上，透過每天按壓，腰傷便能恢復的很快，對我而言遠絡是比任何藥物還更有療效的治療方法。

蔡佩彣／護理人員

長期以來，我斷斷續續有著暈眩的困擾，經耳鼻喉科醫師診斷為梅尼爾氏症作祟。最早一次是在讀大學時發作，約至近三、四年前的六十五歲左右，每年發作一次，總是得打針、吃藥、吊點滴方才好轉，心裡不免擔憂不知何時又將再復發。

過年前某天練習瑜伽，在仰躺時整個人感覺天旋地轉，坐起來馬上就恢復，躺下隨即又暈。其實去年便已聽過家弟盧醫師提及遠絡療法，卻因時間上撞期一直未嘗試，這回發作後趕緊前來求助陳醫師，第一次便見效果；向來午睡極不易入眠的我，竟然在治療後深睡了二小時，感覺完全的放鬆，而且至今一直未再復發暈眩。

感謝陳醫師，感謝遠絡醫學，至少我可以不須再打針、吃藥、吊點滴，且找到對治暈眩的好方法了。

盧桂櫻／作家、高雄尋聲父母教育協會創辦人去年五月時，我的身體出現了兩手發麻及腰椎地方會酸、痛、腳無力的狀況，一開始，嘗試了不少民間療法，例如敷貼半個月的藥膏，「嘛攏嘸效！」我呢，是這樣啦，「嘛嘸效」，也就不去了！

我的好朋友、也是義大世界董事長，非常熱心安排我在他集團下的醫院做核磁共振，診斷出來是頸椎第六、七節之間長出骨刺，需要開刀治療。就在猶豫不決是否開刀時，屏東潮州天祥眼科盧醫師向我極力推薦陳醫師的遠絡治療，當時心裡想，預定的七月開刀日還沒到，試一下無妨。

在這段期間，義大醫療團隊還是不停地關心我，我因為治療後明顯感覺有好轉，因此決定不開刀；直到現在，我已經持續治療七個月，除了禮拜天，每天都報到。以前得依賴拐杖走路而且痛得相當嚴重，有時還得坐輪椅被推進診間，現在都不必了；目前身體好像也已經潛移默化，一天比一天好轉，心裡是滿滿的「感恩」，很感謝陳醫師的醫術，我會繼續治療下去，直到完全康復為止。

釋證清／觀音精舍住持

遠絡醫學—醫院・診所資訊 （採預約制）

姓名	醫院・診所	地址	電話
汪志雄	宏恩綜合醫院	台北市大安區仁愛路4段71巷1號	02-2771-3161
郜莘華	文化中醫診所	台北市中山區撫順街37號	02-2587-1855
黃忠章	尚志塾遠絡診所	台北市松山區南京東路4段164號3樓之1	02-2577-1925
黃熾陞	漢醫堂中醫診所	台北市士林區小北街7號	02-2882-7798
謝伯欣	博馨診所	台北市信義區永吉路236號	02-8787-4911
黃士峰 王莉蓉	日明耀中醫診所	台北市中正區重慶南路1段66之1號2樓	02-2361-1190
周獻剛	板橋同仁堂中醫診所	新北市板橋區四川路1段130號	02-2958-9000
梁敬業	懷諾診所	新北市板橋區懷德街170巷1號	02-2250-0207
王威鈞	王威鈞婦產科診所	新北市永和區福和路197號1樓	02-8921-1136
張安雄 齊治強	公祥醫院	新北市淡水區中山路38號	02-2621-7637
張國樑	張國樑診所	新北市土城區學府路1段72號	02-2273-9989
徐立杰	一品堂中醫診所	桃園市平鎮區鹽平路2段91號	03-495-2000
蔡漢祥	正中華中醫診所	苗栗縣頭份市中華路1121號	03-7688-219
鄭發興	永潔牙醫診所	苗栗縣竹南鎮自由街180號	03-7469058
楊文卿	芳生診所	台中市西區美村路一段642號	04-2372-4177
趙德瀓	信澄中醫診所	台中市大里區國光路2段587號	04-2406-8663
陳建富	陳建富內科診所	台中市西屯區黎明路2段751號	04-2255-2098
陳貞余	員林何醫院	彰化縣員林市民族街33號	04-834-3838
林炯淇	彰化林外科診所	彰化縣彰化市長壽街175號	04-722-3963
黃明德	台南市立醫院	台南市東區崇德路760號	06-260-9926
卓耀裘	卓耳鼻喉科診所	台南市善化區民權路156號	06-260-9926
吳明強	吳明強診所	台南市白河區國泰路111號	06-683-2685
陳炫名	弘恩診所	高雄市三民區天民路55號	07-380-5094
陳豐源	陳豐源耳鼻喉科診所	高雄市三民區建工路648號	07-387-0120
王慶楓	快安診所	高雄市三民區立忠路29號	07-389-5420
楊錦江	自由骨科診所	高雄市左營區自由三路406號	0912-982-188

Natojian 納德健
納豆菌粉

（益生菌，納豆激酶雙效合一）

成　分　納豆菌孢子、乳酸菌增殖田子、免疫活性因子、大豆寡醣分解酵素、植物多醣體

產品特色　純白菌粉，不含雜質，100% 活性孢子，耐高溫與低溫，耐酸鹼，不含普林成分及培養基與雜質，高尿酸者可安心使用。

本產品每公克含有 10 億個活菌孢子，此數目均有檢驗數據佐證。孢子可以耐胃酸、膽汁及唾液，遇到含有營養素的新環境（小腸及大腸的食物）後，即會發芽生長，產出有益人體的物質，改善腸道菌落，發揮保健功效。

食用方法　直接入口或加入冷開水、果汁、牛奶中攪拌食用。

建議用量　小孩每日一克，大人每日 2 克空腹使用。喝酒前後各兩克可解酒、防宿醉。

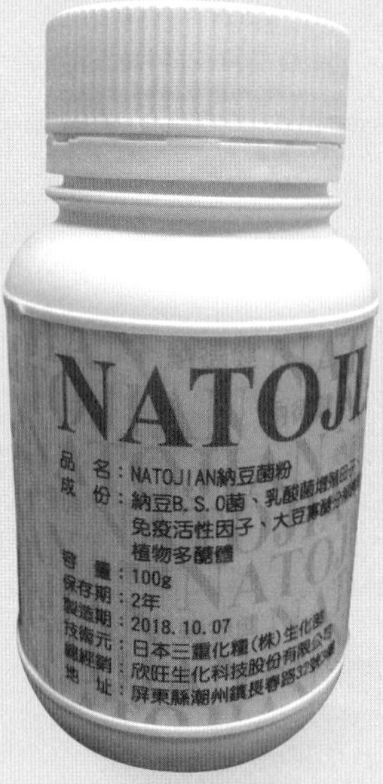

容量：100 克
定價：3600 元

本產品九折優惠活動

期間：即日起至 108 年 10 月 31 日截止
辦法：請上網購買（掃描任何一個 QR CODE 進入網頁），
　　　並輸入優惠代號：NSEMXW001，即可享定價之九折優惠。

Organic_活力 01

來自天上的醫學——治痛革命，神奇的遠絡療法！

作　　者：陳炫名
繪　　者：盧意煊
主　　編：林慧美
校　　稿：陳炫名、唐子晴、林慧美
封面設計：倪旻鋒
美術設計：邱介惠

發行人兼總編輯：林慧美
法律顧問：葉宏基律師事務所
出　　版：木果文創有限公司
地　　址：苗栗縣竹南鎮福德路124-1號1樓
電話／傳真：(037) 476-621
客服信箱：movego.service@gmail.com
官　　網：www.move-go-tw.com

總 經 銷：聯合發行股份有限公司
電　　話：(02) 2917-8022　傳真：(02) 2915-7212
製版印刷：禾耕彩色印刷事業股份有限公司
初　　版：2019年4月
初版四刷：2021年5月
定　　價：380元
I S B N：978-986-96917-1-0

國家圖書館出版品預行編目(CIP)資料

來自天上的醫學：治痛革命，神奇的遠絡療法！
／陳炫名著．盧意煊繪 -- 初版．–
苗栗縣竹南鎮：木果文創，2019.04
272面；14.7×21公分．–（Organic_活力；01）
ISBN 978-986-96917-1-0（平裝）
1.經絡療法 2.養生 3.健康法

413.915.　　108002568

Printed in Taiwan